Kritik
der bürgerlichen Wissenschaft
Band 3

Marxistische Gruppe (MG)

Kritik der bürgerlichen Wissenschaft   3

Die Mikroökonomie

Von der Erklärung des Werts über die Erfindung des Grenznutzens zum mathematischen Lob des Marktes

Resultate-Verlag

Herausgeber und Verlag:
RESULTATE
Gesellschaft für Druck und Verlag
wissenschaftlicher Literatur mbH
Barerstr. 60, 8000 München 40

Verantwortlich für die Redaktion: Karl Held

Druck und Vertrieb:
MHB
Gesellschaft für Druck und Vertrieb
wissenschaftlicher Literatur mbH
Amalienstr. 67/Rgb., 8000 München 40

ISBN 3-922935-13-3

Inhalt

I. Was jedermann geläufige Erfahrungen durchaus lehren könnten: Einige ökonomische Wahrheiten, Ware und Geld betreffend

In der freien Marktwirtschaft hat alles seinen Preis, vom Badewasser über die Kinokarte bis zum Krankenhausaufenthalt. Die Freiheit, die jedermann zuteil wird, besteht darin, daß man mit Geld prinzipiell zu allen Notwendigkeiten und Genüssen Zugang hat, die der Markt bereithält; ihre Schranke hat diese Freiheit freilich an der Menge Geldes, über die einer verfügt. Arm und reich scheiden sich danach, wieviel sie von jenem Stoff ihr eigen nennen, der *Reichtum schlechthin* darstellt und auch dann zur Bezifferung ihres Vermögens herangezogen wird, wenn dieses in Gestalt von sachlichen Gütern aller Art existiert. So bedeutsam die Eigenschaften eines Hauses für seine Bewohner, einer Maschine für ihren Benutzer, eines Nahrungsmittels für seinen Konsumenten sein mögen, so gleich-gültig wird diese Beschaffenheit, wenn sämtliche Gegenstände daraufhin geschätzt werden, was sie zum Reichtum einer Privatperson oder einer Institution beitragen. Dann gerät ihre Brauchbarkeit zu einer selbstverständlichen Voraussetzung des Preises, den sie auf dem Markt erzielen würden, stünde ihr Verkauf an.

1. Die Lehre der VWL: Von der Unverzichtbarkeit des Geldes für die Marktwirtschaft

Dieses Phänomen, daß sämtliche Güter ihren Preis haben und dieser seinen Maßstab im Gelde, wird in der ökonomischen Wissenschaft einer eigenartigen Würdigung unterzogen. In seltener Einmütigkeit bemühen die Theoretiker den Vergleich mit dem Naturaltausch, um das Geld als eine *Möglichkeit* zu besprechen, die Schwierigkeiten bei der Verteilung des gesellschaftlichen Reichtums zu lösen. Die Konfrontation mit dem „umständlichen" Verfahren, im direkten Austausch von Gut gegen Gut der Sachen habhaft zu werden, die einer braucht oder benützen will, bemüht die Vorstellung einer arbeitsteiligen Produktion, die auf den Tausch angewiesen ist, aber *dessen* Mittel gerade nicht bereithält. Statt einer Bestimmung von Geld und Preis will diese Vorstellung sehr umstandslos auf eine plausible Darlegung der *Vorzüge* hinaus, die das Geld für „wirtschaftende" *Menschen* aufweist — unter der Bedingung, daß jedermann auf den Tausch angewiesen ist, wird er sich den Diensten des Geldes kaum verschließen können, lautet die schlichte Botschaft. „Geld vereinfacht das Wirtschaften", verkündet SAMUELSON in seinem Bestseller, und sämtliche Lehrbuchautoren eifern ihm nach, wenn sie sich „eine arbeitsteilige Wirtschaft mit hohem Niveau", „das Funktionieren des sozialökonomischen Gesamtprozesses" oder ganz einfach „Märkte und Preise" *ohne* Geld *nicht* denken können. Wenn sie sich zusätzlich noch den zeitgenössisch orientierten Vergleich mit einer „autoritär gelenkten Wirtschaft" zueigen machen, die sich des wirtschaftlichen „Grundproblems" der „Verteilung knapper Güter" mit einer anderen „Möglichkeit" angenommen hat, fällt ihnen keineswegs auf, daß es mit dem erklärenden Charakter ihrer Erörterungen nicht weit her sein kann, wenn *dasselbe* Problem, in dem sie den Grund des Geldes erblickt haben wollen, ebensogut jene unsympathische Zwangsbewirtschaftung der menschlichen Individualität hervorruft. Eher verleihen sie bei der Betrachtung der gewiß nicht besinnlichen Materie Geld ganz offiziell ihren weltanschaulichen Vorlieben Ausdruck und interpretieren die *Wahl* der einen oder anderen Möglichkeit als Konsequenz individualistischer oder kollektivistischer Menschenbilder.

Wenn Nationalökonomen das Kunststück hinter sich gebracht haben, von Märkten, Preisen und Tausch zu reden und dabei zielstrebig das Geld beiseite zu lassen, damit sie den „Schluß" ziehen können, daß ohne dieses Mittel manches „unmöglich" wäre, steht ihnen die Frage offen, wie es dem Geld gelingt, seinen Auftrag als Tauschmittel und Recheneinheit zu erfüllen. Auskünfte der folgenden Art sind dann gute wissenschaftliche Sitte: „Geld wird genommen, weil andere es nehmen." „Wird ein Gut so ausgestattet, daß es allgemeine Annahmebereitschaft findet, bezeichnet man es als Geld." Das ist auch gar nicht verwunderlich: Wer die Dienste des Geldes damit identifiziert, daß es dem Bedürfnis entspricht, durch ein allgemeines Tauschmittel vom Naturaltausch loszukommen und Marktwirtschaft zu treiben, der ist auch der psychologischen Fortsetzung seiner Deduk-

8

tion mächtig. Die Bereitschaft, ein Gut *als* Geld zu behandeln, klärt dann alles auf; und der kundigen „Definition des Geldes", die ein deutscher Nationalökonom von Ruf, Erich PREISER, wie SAMUELSON beherrscht — „Geld ist alles, womit man zahlen kann" —, kann sich der „Große Meyer" getrost anschließen: „Geld ist alles, was wie Geld funktioniert." PREISER ist sich des Verfahrens, das er zur geflissentlichen Vermeidung einer Erklärung des Geldes anwendet, bewußt — und bemerkt zur Instruktion seiner Leser, daß moderne Wissenschaft selbst aus der *Tatsache*, daß es ihren Gegenstand gibt, eine *Annahme* macht. Der Grund: ohne Geld keine Marktwirtschaft — also wie gehabt:

„Wir haben ganz einfach stillschweigend angenommen, daß es da ist. Diese Annahme ist nötig, aber (!) sie genügt auch. Sie ist nötig, weil die Marktwirtschaft ohne ein allgemeines Tauschmittel natürlich nicht funktionieren könnte." (Wie alle anderen PREISER-Zitate aus *„Nationalökonomie heute".)*

Da in solchen Mitteilungen nur explizit ausgedrückt wird, was in der Logik der (Un-)Möglichkeit enthalten ist — das Tauschmittel muß es *geben* —, pflegen die Sachverständigen der VWL die *Leistung* von Preisen, die mit Geld bezahlt werden, dauernd hervorzuheben, um außer dem schieren Vorhandensein ihres Gegenstandes noch einen respektablen Dienst anzugeben:

„Die Preise haben in der Marktwirtschaft die wichtige Funktion, die Güterströme in ihrer Stärke und Richtung zu regulieren." (STACKELBERG)

So kündigt die VWL noch lange vor ihrer Ausgestaltung zur Nutzen- oder Haushaltstheorie an, daß sie den „*Marktmechanismus*" oder die „*Wettbewerbsordnung*" schätzt; und zwar für das bekannte Gesetz der Wechselwirkung, nach dem die Höhe der Preise das Verhältnis von Angebot und Nachfrage bestimmt und umgekehrt dieses Verhältnis auf die Preise einwirkt. In diesem Gesetz spricht die Wissenschaft jenseits und bar einer Bestimmung des Preises dem Markt das Kompliment aus, daß er durch die Unterwerfung des Bedarfs an Gütern unter die Zahlungsfähigkeit seiner Träger zu *einer* Verteilung des Reichtums führt; ganz so, als sei die wirtschaftende Menschheit auf das Problem gestoßen, ihre Güterströme zu regulieren,und auf das Geld verfallen, um die Güter mit Hilfe eines Preises *gleichwertig zu verteilen*, gestattet sich die Wirtschaftstheorie die Annahme *eines Gleichgewichtspreises*. Eine hypothetische Kategorie dieser

Art faßt den Wechselwirkungsgedanken in einem Terminus zusammen und gibt weniger Aufschluß über die Natur des Marktes als über das Interesse einer ganzen wissenschaftlichen Disziplin an seinem Funktionieren. Auf der Grundlage des *Idealismus*, der im Kauf und Verkauf von Gütern — deren Preise durch das glücklicherweise vorhandene Geld gemessen werden können — das Interesse am Werk sieht, sämtliche Elemente des sachlichen Reichtums dahin zu verfrachten, wo sie hingehören, stellt sich dann der *Realismus* der VWL ein: Auf der einen Seite widmen sich ihre Vertreter den Entscheidungen der Haushalte *als Faktoren* der Preisbildung, wobei sie das „Konsumverhalten" in getreuer Fortschreibung des Dogmas der Wechselwirkung zwischen Angebot/Nachfrage und Preis einmal als Bestimmungsgrund des Preises (bzw. seiner Höhe), einmal als Reaktion auf die Preisgrößen darlegen. Auf der anderen Seite stellen sie sich die Frage nach den *Bedingungen*, die in der Welt der Wirtschaft erfüllt sein müßten, um das Gelingen des Marktes entsprechend der ihm zugedachten Aufgabe zu gewährleisten. Und zu einer solchen Bedingung wird — und zwar deswegen, weil es von vornherein *als* für die Ermöglichung des Tausches zuständiges Mittel und sonst nichts in Betracht gekommen ist — auch das *Geld*. Die Frage: „Was *ist* Geld?" übersetzen Ökonomen deshalb immer in eine ganz andere: „Wie muß das Geld beschaffen sein, um *seine* Dienste zu verrichten?" — und mit den *Funktionen* des Geldes meinen sie stets *diejenigen*, die *sie* für das Kaufmittel in der Marktwirtschaft vorgesehen haben. Realistisch geben sie sich in ihren Fragen und Antworten insofern, als sie auf allgemein bekannte Erscheinungen des Wirtschaftslebens verweisen — Inflation, Krisen mit unverkäuflichen Waren, Preissteigerungen, „Ungleichgewichte" eben —, in denen ihren Idealen offenbar zuwiderlaufende und die schönen Wirkungen des Preismechanismus in Frage stellende „Probleme" zutagetreten. PREISER bringt es fertig, die „Bedingung" dafür, daß das Geld als Mittel des Kaufs taugt, zunächst ganz rational zu erörtern, nämlich mit dem Hinweis auf den Charakter des Geldes, der es überhaupt zum Mittel *macht*:

„Wenn es als Zahlungsmittel, insbesondere zum Kauf von Gütern dienen soll, so muß es offenbar selbst Wert haben. Denn sonst wäre niemand bereit, ein Gut gegen Geld herzugeben — wir haben solche Zeiten erlebt."

Hier wird tatsächlich einmal die „Bereitschaft", Geld anzunehmen gegen ein anderes Gut, nicht mit der Definition des Geldes verwechselt. Und noch mehr: PREISER kennt auch den Begriff des Maßes, der Einheit von Qualität und Quantität:

„Dazu kommt aber ein zweites. Die Einheit des Zahlungsmittels ist ja zugleich die unentbehrliche Recheneinheit, in der die Preise ausgedrückt, die Kosten berechnet und die Einkommen bemessen werden. Der Wert wirtschaftlicher Güter aber kann nur in einem Maßstab ausgedrückt werden, der selbst die Dimension ‚Wert' hat..."

Allerdings fährt auch dieser Theoretiker nicht in der Weise fort, daß er die in Anführungszeichen gesetzte Dimension „Wert", das Waren und Geld gemeinsame *Maß*, seiner Qualität nach bestimmt. Kaum hat er festgestellt, „daß Geld Wert haben muß", besinnt er sich darauf, daß es ihm ebenfalls nur auf die praktische Leistung des Geldes ankommt, seine „Kaufkraft", die auch ganz jenseits theoretischer Bemühungen die Gemüter beunruhigt; deshalb schließt er sich den praktischen Erwägungen eines Geldbesitzers an, dem der „Wert" des Geldes herzlich gleichgültig ist, seine Macht, Güter zu kaufen, dagegen alles bedeutet. Er identifiziert den Erfolg des Kaufs kurzerhand mit dem „Wert":

„... es ist auch klar, daß dieser Wert nicht am Geld selbst haftet, sondern sich von den Gütern herleitet, die man mit dem Geld kaufen kann. Mit anderen Worten, das Geld hat einen abgeleiteten, einen mittelbaren Nutzen."

Und von dieser „Einsicht" beflügelt, fallen ihm erneut die Zeiten ein, die er schon erlebt hat, in denen es mit der Kaufkraft des Geldes nicht weit her war; woraus sich der „Schluß" ziehen läßt, daß damals das *Verhältnis* von Gütern und Geld, auf dessen Gelingen er sinnt, ziemlich durcheinander geraten war:

„Ob man überhaupt für das Geld etwas bekommt und wieviele Güter man kaufen kann, hängt von der Menge des Geldes ab, die den Gütern gegenübertritt. Eine Vermehrung der Geldmenge bei gleichbleibender Gütermenge, wir können auch sagen: eine Zunahme der monetären Nachfrage bei gleichbleibendem Angebot wird die Preise steigen, d.h. den Wert des Geldes sinken lassen. Das ist der Inhalt der sog. Quantitätstheorie, die auf die Menge des Geldes abhebt, und die nur ein anderer Ausdruck dafür ist, daß über den Wert des Geldes seine relative Seltenheit entscheidet."

Die Bedingung, die hier für das Funktionieren des Geldes als Tauschmittel angegeben wird, lautet schlicht: Es muß *in rechtem Maße* vorhanden sein! Dies ist ein sehr offenherziger Ab-

11

schied von der Bühne der Geld*theorie*, die mit dem Anspruch auftritt, Auskunft über den Begriff des Geldes zu geben, durch den auch der Grund und Zweck dieses ökonomischen Mittels erfaßt wäre. Denn das rechte Maß ist genau so *relativ* wie die Definition des Geldwerts, die sich die Quantitätstheorie erlaubt — im *Funktionieren* nicht nur des Marktes, sondern der gesamten Marktwirtschaft mit ihren mannigfaltigen Bedingungen, Faktoren und Zielen erst stellt sich heraus, ob das Geld die Leistungen vollführt, zu denen ihm die VWL ständig gratuliert:

„... *die Schaffung des Geldes ist ein Teil der laufenden Wirtschaftspolitik. Daher kann der Theoretiker auch gar nicht angeben, welches das ‚richtige Maß' ist* ... *Was das richtige Maß ist, kann daher nur im Zusammenhang mit der gesamten wirtschaftlichen Entwicklung und allen von der Wirtschaftspolitik angesteuerten Zielen entschieden werden, nicht aber im Rahmen einer für sich betriebenen Geldtheorie. Mit Sicherheit läßt sich nur sagen, daß jedes Abweichen von der Politik stabiler Preise gefährlich ist.* "

So unterstellt die Nationalökonomie einen Preismechanismus, der gerade über die Veränderung der Preise funktioniert und die Güterströme reguliert — *und* bezweifelt diese Leistung des Preises, wenn sie vom Staat im Umgang mit dem Geld ,,Preisstabilität'' verlangt. Sie attestiert dem Geld, daß es die preisbestimmten Güter frei von allen zeitlichen und lokalen Schranken, die am Naturaltausch beklagt werden, zirkuliert und kommensurabel *macht* — bestreitet aber, daß Waren untereinander und mit dem Geld kommensurabel *sind*, ein gemeinsames Maß haben. Daß Geld *Zirkulationsmittel* ist, hat diese Wissenschaft bemerkt; auf die Frage, wodurch es als solches taugt, erteilt sie die Antwort: dadurch, daß es die Recheneinheit für die Preise liefert und den Austausch vermittelt. Aus der Tatsache, daß die Wirtschaftssubjekte mit dem Markt, mit preisbestimmten Gütern und Geld konfrontiert sind, deduziert sie ihre *Bestimmung* des Geldes. Es wird gebraucht für den Austausch — ,,also'' *ermöglicht* es ihn, und darin besteht *seine* Leistung. Der Grund und Zweck von Preis und Geld liegt dieser Logik zufolge darin, daß sie den Notwendigkeiten eines Austausches entsprechen, der sich unabhängig von ihnen als Bedürfnis vorgestellt wird. Und sooft dem Geld dieser erfundene *Vorzug* als sein Zweck zugesprochen wird, fällt den Urhebern dieses Gedankens der eine oder andere Fall ein, in dem dieser Vorzug nicht in Kraft tritt bzw. in dem sich ,,Gefahren'' und ,,Nachteile des Geldes'' bemerkbar machen — bisweilen *ermöglichen* Preise und Geld den Austausch gerade *nicht, verhindern* ihn —, so daß die Nationalökonomen sich vor die Entscheidung gestellt sehen, das negative Urteil, das in ihrer Logik der Möglichkeit von vornherein eingeschlossen ist, entweder als Argument gegen ihre positive Deduktion des Geldes zu begreifen oder den Befund, daß der eine oder andere Kauf auch mal unterlassen wird, für eine dem Geld äußerliche Sache anzusehen. Sie entscheiden sich für die zweite Alternative und schieben den Wirtschaftssubjekten, meist gleich dem Staat, einen verkehrten Umgang mit dem Mittel des Austausches in die Schuhe. Das Gelingen wie das Mißlingen des Geschäfts, das ihren Theorien zufolge dem Geld und den Preisen zukommt, ist dann doch keine Angelegenheit des Geldes, sondern seiner Handhabung — und die wird *entschieden: durch* die Bedürfnisse und das Verhältnis, das die Subjekte zwischen ihnen auf der einen Seite aufmachen (Nutzentheorie und Lehre vom „Konsumverhalten"), durch das quantitative Verhältnis zwischen Geld und Gütern andererseits (Quantitätstheorie). *So* läßt sich noch wider alle Erfahrung und trotz der Bekundung des Gegenteils die Behauptung retten, Geld und Preis seien sinnreiche Erfindungen zur Befriedigung der Bedürfnisse, denen der Austausch in einer arbeitsteiligen Gesellschaft dient.

2. Vom Nutzen des Preises und von der „Kaufkraft des Geldes"

Die Wirtschaftswissenschaft erzählt von einem *homo oeconomicus,* der das Geld schätzt, weil es den Austausch ermöglicht. Der leibhaftige Wirtschaftsbürger lernt des Geld erst einmal ganz anders kennen. An den staatlich ausgegebenen Münzen und Banknoten dürfte er kaum die „Versorgung mit Liquidität" bemerken. Niemand wird mit Rücksicht darauf, daß alles seinen Preis hat, mit Geldgeschenken bedacht, damit er tauschen kann — nicht einmal die bekannte Sozialleistung im Zuge der Eröffnung der BRD, die 40 neuen Deutschen Mark Kopfgeld, waren in dieser Hinsicht mißzuverstehen. Für jedermann war klar, daß es ab sofort darauf ankam, an möglichst viel Geld heranzukommen, also *sich* mit „Kaufkraft" zu versorgen. Wie das *nicht* zu gehen hatte, war ganz nebenbei vom Staat durch den Gesetzestext klargestellt worden, den er auf die Banknoten drucken ließ: „Wer Banknoten nachmacht oder verfälscht ...“ Dergleichen paßt kaum zum Gerücht über jene Zettel, das ihnen die Unschuld eines begrüßenswerten Hilfsmittels nachsagt. Wenn ein Staat mit seiner *Gewalt* das Geld als Tauschmittel tauglich macht, dann erhebt er ganz bestimmt nicht die individuellen Bedürfnisse zum Zweck des Wirtschaftslebens — er unterwirft ihre Befriedigung vielmehr der *Zahlungsfähigkeit* ihrer Träger. Vom *Quantum* des öffentlich-rechtlich beaufsichtigten Stoffes, das einer *besitzt*, hängt seine Betätigung in der Welt der Genüsse ab — und insofern darf man an der wirtschaftswissenschaftlichen Weisheit, das Geld ermögliche das muntere Kaufen auf den Basaren der Marktwirtschaft, eine kleine Korrektur anbringen. Dieses *Maß des Reichtums* stellt die Verfügung über ihn auch ein wenig in Frage: Schließlich *trennt* das gewaltsam in Kraft gesetzte Tauschmittel erst einmal sämtliche Bedürfnisse von den ihnen entsprechenden Gegenständen und läßt sie nur unter der Bedingung zum Zug kommen, daß der *Preis* an den entrichtet wird, dem die Sachen *gehören*. Freilich übersieht ein Theoretiker, der in das „Gesetz“ von Angebot und Nachfrage verliebt ist und sich viel auf die Weisheit zugutehält, die da lautet „Wenn Preis hoch, nix kaufen!“, sehr souverän das harte *Gesetz des Privateigentums*, das mit Preis und Geld in Kraft gesetzt wird.

Dieses Gesetz ist einem gewöhnlichen Sterblichen, der die *Ausnützung seiner Zahlungsfähigkeit* zu spüren bekommt, sehr vertraut. In seiner Erfahrung gibt es nicht den Trost, daß ein „Preismechanismus“ lehrbuchgerecht dem unverschämten Verkäufer einer Ware die Senkung des Preises aufzwingt, sobald die Nachfrage zu wünschen übrig läßt. Die nationalökonomische Harmonielehre mit ihrem Ideal ausgleichender Wechselwirkungen jedenfalls vermag ihm über seine beschränkte Zahlungsfähigkeit nicht hinwegzuhelfen, ebensowenig wie die Werbung mit ihrer immergleichen Botschaft von der *preiswerten Ware:* Er muß sich beim Erwerb nützlicher Güter und Dienste *einteilen*, und er kann nicht darauf bauen, daß seine erzwungene Sparsamkeit deswegen ein Ende nimmt, weil sich die Anbieter von *Geschäftsartikeln* um sein Budget streiten. Daß zwischen dem Interesse des Verkäufers und denen des Käufers ein *Gegensatz* besteht, gewahrt gerade die Mehrheit der Wirtschaftssubjekte, die Geld immer nur als *Tauschmittel* verwendet. Selbst in den Fällen, wo es sich auch beim Käufer um einen Geschäftsmann handelt und bei der zum Verkauf anstehenden Ware nicht um ein Konsumtionsmittel, kommt keine Freude über den „Gleichgewichtspreis" auf. Das „*Resultat*" von Angebot und Nachfrage, der *Preis* der gehandelten Ware, erfüllt nämlich keineswegs automatisch den ökonomischen *Zweck* derer, die als Anbieter und Käufer auftreten. Als „zentrales Steuerungsinstrument" der gelungenen Distribution von Gütern mögen sie den „Preismechanismus" schon deshalb nicht ansehen, weil der jeweilige Preis einerseits einen Erlös über bereits verausgabte Kosten hinaus garantieren soll, andererseits als Kost in die Kalkulation eingeht, die auf künftigen Überschuß berechnet ist. Hier hat die praktische Frage der Beteiligten danach, ob sie sich den Preis *leisten können*, der da zustandekommt, von vornherein nichts damit zu tun, ob denn die schönen Maschinen und Rohstoffe auch dort landen, wo man sie brauchen kann. Umgekehrt gelten sie als brauchbar nur, wenn sie dem Geschäftsinteresse durch ihren Preis entsprechen — also sich als *Mittel rentabler Investition* bewähren.

Solange die Warenpreise *diesem* Kriterium genügen, ist „der Markt" auch für seine Nutznießer wie für die ihn idealisierenden Theoretiker in Ordnung — und Bedenken bezüglich der geschwundenen „Kaufkraft des Geldes" werden nicht laut. Da geht so manches Jahr gedeihlicher Konjunktur ins Land, ohne daß von nationaler und ökonomischer Warte aus Klagen erhoben werden gegen die Vermehrung der Umlaufsmittel, welche sich in der Aufwärtsbewegung der Preise bemerkbar macht. Solche „bloß nominelle" Erhöhungen werden als selbstverständliche Folge davon registriert, daß über das unter staatlichen Direktiven betriebene Bankwesen lokale und zeitliche Beschränkungen der Zahlungsfähigkeit durch *Kredit* für unerheblich erklärt werden; dasselbe gilt für die „Geldschöpfung", welche über die Verschuldung des Staats zustandekommt: Niemand mag so einfach und grundsätzlich die Verwandlung von zirkulierenden Schuldtiteln in Geld und Kapital für etwas Verwerfliches ansehen. Im Gegenteil: Die interessierte Geschäftswelt heißt — wie die nationalökonomische Sachverständigengilde — die Zuständigkeit des Staates für Expansion und Kontraktion des Kredits gut. Der Gebrauch der hoheitlichen Gewalt, welche die „freie Marktwirtschaft" mit ihren Regeln in Kraft setzt und hält, erstreckt sich ganz natürlich auch auf die „Beeinflussung" der verfügbaren Menge an Kredit. Daß der Staat auch *seinen* Geldbedarf deckt, indem er seine Schuldscheine in Geschäftsmittel von Banken und Privatleuten verwandelt, will ebenfalls niemand unterbinden. Die fiktive Alternative — „Eingriffe" *in* die „Wirtschaft" contra „Freiheit", von „ungesunder staatlicher Lenkung" — ist zwar im Streit der (wirtschafts)politischen Lager ein Dauerbrenner, tangiert aber nie die „elementaren" Dienste der Gewalt für das Geschäft. Die Kontroversen über das für die „Wirtschaft" verträgliche Maß hoheitlicher „Einmischung", über staatliches „Fehlverhalten" gehen ja im Gegenteil davon aus, daß Wirtschaftspolitik — also staatliches Wirken per Wirtschaftsministerium, Finanzministerium und Bundesbank etc. — zur Betreuung des Geschäfts dauernd stattfindet und vonnöten ist.

Die Klagen über die *Inflation*, welche urplötzlich ein „Gleichgewicht" zerstört haben soll, das in der Kalkulation keines einzigen Wirtschaftssubjekts als Zwecksetzung auftaucht, bestreiten denn auch nicht das Recht der Instanzen, die für „Geldschöpfung" ausgiebig Sorge tragen — sondern die *Brauchbarkeit* der von ihnen auf den Markt geworfenen Mittel. *Dieser* Anlaß wird allerdings in einer Weise gewürdigt, die keinen Zweifel darüber aufkommen läßt, *wofür* das liebe Geld seinen Dienst versagt. Zwar *zitieren* die Anwälte des „Kampfes gegen die Inflation" gerne den Geldbeutel des kleinen Mannes, unterlassen aber konsequent den naheliegenden Ruf nach Lohnerhöhungen. Vornehm sehen sie über die *vollzogene* Verwendung des gemäß staatlichem Bedarf immerzu erweiterten Kredits hinweg; daß die Inflation, die sie so verdammen, nur zustandekam, weil sich die Geschäftswelt rücksichtslos *bedient* hat an der „Liquidität", die das staatlich erlaubte, gebotene und kontrollierte Kreditwesen gewährt, wird keiner Erwähnung für wert befunden. Das praktische Interesse *am* Markt legt den Streitern wider das Erzübel „Inflation" eher die Warnung in den Mund, daß um Gottes und der Marktwirtschaft willen ein Ausgleich der verlorenen Kaufkraft von „unteren Einkommen" unterbleiben solle. Dergleichen, so lautet ihre Begründung, würde der Ver-

16

wendung bereits inflationierten Geldes für rentable Investitionen entscheidend entgegenstehen. In ihren Predigten über die „Sachgesetzlichkeit" namens „Lohn-Preis-Spirale" nehmen sie offen die „Reaktion" *vorweg*, welche sie zu praktizieren befugt sind. Und dies ganz ohne Angst davor, daß ihnen die Theoretiker der Marktwirtschaft die Unglaubwürdigkeit der breitgeheuchelten Sorge um die Inflation vorhalten. Das mag keiner von den nationalökonomischen Lehrern behaupten, daß weder staatliche Instanzen noch Banken oder Unternehmer jene konjunkturgemäß beschworene Rücksicht auf eine konstante Kaufkraft des Geldes üben, daß sie im Gegenteil die Inflation *bewirken*, auf die sie sich so gerne *berufen*, wenn in ihrer geliebten Marktwirtschaft die vielgerühmten „Funktionen" von Preis und Geld anders ausfallen als ihre idealistischen Bilder.

Um so lieber hält sich die Volkswirtschaftslehre bei einem „Begriff" von Inflation auf, der überhaupt nicht geeignet ist, Befürchtungen zu begründen. Jedenfalls stört die aus einer Vermehrung der Umlaufsmittel erwachsende Veränderung des *Maßstabs der Preise*, die schiere Vergrößerung der Ziffern, die auf der handgreiflichen „Kaufkraft" stehen, welche für eine Ware bezahlt werden muß, von sich aus keinen einzigen Tauschakt. Dennoch, die quantitätstheoretische Anklage der Inflation entdeckt in der veränderten „Kaufkraft" der Maß*einheit* nicht die gerechte Korrektur für die vermehrte *Anzahl* der zirkulierenden Tauschmittel, sondern eine Gefahr. Diese Theorie bringt ein *Mißverhältnis* zwischen einem „Güterberg" und einer ihm gegenüberstehenden, zum Kaufen verfügbaren Geldmenge ans Licht. Die quantitätstheoretisch plausibel gemachte Inflation, jener Ausgleich zwischen Anzahl und Einheit am Tauschmittel, findet nämlich *so* doch nicht statt: „Unsachgemäße" Ausnützung und ungleichmäßige Durchsetzung bewirken eine Störung im „Mechanismus" der „Recheneinheit", den die Theorie postuliert *und* „in der Praxis" zugleich vermißt.

In diesem „Realismus" wollen die Theoretiker der Marktwirtschaft allerdings weniger den Offenbarungseid bezüglich ihrer das Geld betreffenden „Gesetzesaussagen" leisten als unterstreichen, daß sie sich den *praktischen* Anliegen verpflichtet wissen, die sich für die maßgeblichen Akteure des Marktes ergeben. Mit dem Ideal des *Lenkungsmechanismus* brechen Wis-

17

senschaftler jedenfalls nicht, wenn sie sich dem Konkurrenz-
gebaren zuwenden und feststellen, daß geschäftstüchtige Unternehmer mit etwas anderem kalkulieren als mit einer „gesunden"
Geldmenge, die ein ebenso „gesundes" Preisniveau garantiert:

*„Das Heimtückische an Veränderungen des Preisniveaus ist, daß sie den
marktwirtschaftlichen Lenkungsmechanismus selbst auf unkontrollierbare
Weise zerrütten. So helfen z.b. Inflationen Bereichen, die von ihnen als
erste erfaßt werden, zu vorübergehenden Vorteilen und lassen Gewinne
entstehen, die keine Lenkungsfunktion haben. Immer nämlich bricht die
Inflationsflut in noch nicht abgeschlossene Produktionsperioden ein. Dann
sind die Erlöse höher als die Kosten, die zu Beginn der Produktionsperiode
aufzuwenden waren. Natürlich registrieren die Unternehmer diese Diffe-
renz als Gewinne. Erst in der folgenden Periode, wenn nun auch höhere
Kosten aufzubringen sind, offenbaren sich diese ‚Gewinne' als Scheinge-
winne. Inzwischen aber können die unerwarteten (?) Erlösüberschüsse
längst verbraucht oder — was wahrscheinlich ist — für Erweiterungs-
investitionen mitverwandt worden sein, die sich spätestens dann als Fehl-
investitionen erweisen, wenn die Preissteigerungswelle verebbt: An den
ursprünglichen Nachfragerelationen hat sich ja nichts geändert. Man müßte
blind sein, sähe man nicht, daß Inflationen verschiedenen Leuten echte
Gewinne zuschanzen ..."* (GEIGANT, Die Wirtschaft)

Das stimmt einen Wissenschaftler des 20. Jahrhunderts bedenk-
lich, wenn sein hochgeschätzter Lenkungsmechanismus zuschan-
den wird. Um so unbekümmerter vermeldet er eine Entdeckung,
die ein ganz anderes Licht auf den Markt wirft, von dem er sich
ein so stimmiges Bild entworfen hatte. Plötzlich taucht da ein
Maßstab des ökonomischen Erfolgs auf, der mit der Zufriedenheit über den gelungenen „Güteraustausch" und die wundersa-
men Dienste des Geldes nichts mehr zu tun hat. *Daß* Kauf und
Verkauf stattgefunden haben und brauchbares Zeug unter die
Leute gekommen ist, erscheint da ganz selbstverständlich als
Voraussetzung und Mittel dafür, daß gewisse Leute ihr Geld
nachzählen. Dabei fällt die Kleinigkeit auf, daß sie *ihr* Geld zählen — also nicht im Traum daran denken, es unter das Volk zu
verteilen, damit es seine Aufgabe als bequemes Transportmittel
von Gütern erfüllt. Behalten wollen sie es schon, weil das Geld
nämlich ihren *Reichtum* ausmacht. Wenn sie es zur Teilnahme
am Marktgeschehen verwenden, so nicht, um es loszuwerden
und solange dem Konsum zu frönen, bis sie nichts mehr haben
von dem edlen Stoff. Vielmehr, um mehr davon zu verdienen.
Und weil dafür das allgemeine Kaufen und Verkaufen von

Gütern aller Art genau das richtige Mittel ist, sind die ehrbaren Geschäftsleute auch den Nationalökonomen nicht böse, wenn die mit lauter haltlosen Argumenten den Markt loben, ohne vom Privateigentum etwas verlauten zu lassen. Sie lassen sich die Geschichten vom Geld als Knecht der Warenwelt, der jedermann gestattet, sich kaufend am Güterberg zu schaffen zu machen, gerne gefallen. Und demokratisch gesehen macht es sich auch ganz gut, wenn der Umgang mit Ware und Geld, den die *meisten* pflegen, auch als der *bestimmende Zweck* des Marktes hingestellt wird. Wenn erst einmal allgemein, wissenschaftlich wie populär, klargestellt ist, wie nützlich das Geld für den Händewechsel von Gütern ist, die „man" braucht, aber nicht hat; wenn der ökonomische Sachverstand erst einmal sein Sorgerecht um den tollen Lenkungsmechanismus dargelegt hat und die Probleme seines Funktionierens auftischt; dann fällt den theoretischen Anwälten der Marktwirtschaft ganz nebenbei auch noch ein, daß es aufs Geld ganz anders ankommt als in ihren Lobeshymnen auf das Tauschmittel. Bei Störungen des Marktes, anläßlich von Beschwerden bezüglich mangelnder Kaufkraft in dem einen oder anderen Haushalt wissen sie stets *ein* „Problem" zu benennen, dessen Lösung aller Welt als *d i e Bedingung* am Herzen zu liegen hat. Das „*Wachstum der Wirtschaft*" muß gelingen, der in Geld bezifferte Erfolg des Geschäfts muß stimmen, wenn das gewöhnliche Tauschen klappen soll. Als ein Dementi der unbegrenzten Möglichkeiten, die durch das Geld wirklich geworden wären, wollen die Ökonomen derlei Weisheiten freilich nicht verstehen. Ihr Übergang von einer verkehrten, weil an Waren- und Geldmenge plausibilisierten Theorie der Inflation zum gestörten Geschäftsgang war ja auch nicht als Abschied von den Vorstellungen gemeint, mit denen sie dem Tauschmittel ihr Kompliment machen. Statt der *Wahrheit*, daß mit dem Geld andere Zwecke in die Welt der Wirtschaft Einzug halten als die regelmäßige Versorgung des Menschen mit Gütern, wollen sie etwas an Belehrung verkünden, die an *Verpflichtung* gemahnt: Wenn der an sich brauchbare Lenkungsmechanismus samt der durch ihn an sich organisierten Güterverteilung vom Zuwachs privat verfügbaren und fürs Wachstum wiederverwendbaren Geldes *abhängt* — dann liegt es auch im allgemeinen und ökonomischen Interesse, diese Sorte Wachstum zu befördern.

Was Volkswirtschaftler dem Tausch, dem Preis der Waren, dem Geld *nicht* entnehmen, ist ihnen dennoch *bekannt*. Das, worauf es ankommt in ihrer geliebten Welt von Angebot und Nachfrage, führen sie als *Bedingung* und *Hilfsmittel* an — für den reibungslosen Umsatz von Geld und Gut. Den Gedanken, daß es sich womöglich umgekehrt verhält, verwerfen sie, sooft sie ihn ausspechen. Es ist so, als käme es ihnen verwerflich vor zuzugeben, was jedermann weiß: daß das Geld nicht der Knecht des Güterumschlags, sondern der Herr der Warenwelt ist, und daß der Markt für den Nutzen des Geldes geradezustehen hat.

3. Der Wert — weder Metaphysik noch Hypothese

Die moderne ökonomische Theorie hat sich in ihren allgemeinen Betrachtungen des Marktes einen seltsamen Leitfaden zurechtgelegt. Ihr Entschluß, das Geld *als* eine rundum *taugliche* Einrichtung darzustellen, nimmt die Aufgabe, etwas zu erklären, von vorneherein wie den Auftrag, dem Gegenstand der Theorie seine *Funktionalität* zu bescheinigen. Ein solches Denken gefällt sich in der Frage danach, was ohne die besprochene Sache nicht ginge, hält den Tausch, wie er universell in der Marktwirtschaft stattfindet, ohne den Einsatz des Geldes für unmöglich — *und* meint, mit dieser „Beweisführung" schon einmal etwas zu wissen. Es kommt sich dabei sogar sehr „realistisch" vor, hat es doch auf eine „praktische" *Bedeutung* des Geldes verweisen können, ein plausibles „Wozu" angegeben, das jedermann einleuchtet. Zumindest jedermann, der beim Nachdenken ebenso *am Funktionieren* des Tausches *interessiert* ist, wie er sich praktisch auf ihn angewiesen weiß. Die Fortsetzung dieser Methode, theoretische Ökonomie zu treiben, geschieht sehr konsequent. Die ganze Wirtschaft besteht wie der Austausch mit seiner „Preisbildung" aus lauter *Bedingungen*, unter denen sie funktioniert. Darunter verstehen Ökonomen „theoretische" (meint ganz wie der Volksmund: „*nur* ausgedachte") Verhältnisse zwischen ökonomischen Größen, die eintreten müßten, um das Gelingen von Austausch, Kreislauf und Wachstum sicherzustellen. Daß die mathematisch durchkonstruierten Modelle *nicht* der Realität entsprechen, wird ebenso deutlich klargestellt, wie darauf bestanden wird, daß dieser *Idealismus* den praktischen Notwendigkeiten der Marktwirtschaft auf der Spur ist. Das matte Unternehmen, einen „funktionalen" Sinn zuzusprechen, zeugt mit seinen mannigfaltigen „Problemen" der Theoriebildung zwar stets vom *Bekenntnis zu Notwendigkeiten*; solche *liegen* nämlich mit jeder Funktion *vor* für jemanden, der das Erklären mit der Bestätigung einer *Zweckmäßigkeit* seines Gegenstandes verwechselt. Eine Auskunft über das „*Warum*" der Sache, über *ihre* Notwendigkeit und damit über den ihr eigentümlichen Zweck allerdings kommt so nicht zustande. Dergleichen erübrigt sich von vorneherein, da auf die Entdeckung nützlicher Dienste bedachte Geister eben jeden wirklichen oder eingebildeten *Nutzen* für einen *Begriff* halten. Wie Ökonomen *den* Nutzen als Inbegriff des Geldes „erschließen", wird in den folgenden Kapiteln dargelegt. Was sie bei der Untersuchung des Tausches zielstrebig übergehen und anderen als metaphysische Hypothese vorwerfen, ist allerdings einige Bemerkungen extra wert. Sie betreffen den Unterschied zwischen Schönfärberei und Erklärung — hier zunächst die Frage, ob es sich beim Geld um eine harmlose Recheneinheit handelt oder nicht eher um *den* Gegenstand der Bereicherung.

Der Einfall, dem Geld die „Funktion" einer hilfreichen Recheneinheit zuzuschreiben, die die diversen Güter über ihre Preise vergleichbar, gegeneinander verrechenbar macht, ist schon für sich eine recht matte Sache. Immerhin bemüht er die *Notwendigkeit einer Kommensurabilität*, ohne ein Argument auf sie zu verschwenden. Die Selbstverständlichkeit, mit der für sie plädiert wird, stellt nur die Berufung auf die praktischen Erfordernisse des Austausches dar. Und das gelegentlich geschätzte Verfahren, mit „Arbeitsteilung" doch noch eine Begründung anzuführen, soll zwar die über das Geld vollstreckten *Maß*verhältnisse plausibel machen, taugt jedoch nur als Argument für ein gescheites Transport- und Kommunikationswesen im Rahmen eines Planes. Am tatsächlich vollzogenen Tausch, wo nicht nur ein Geldname die Summe vorstellig macht, die ein Gut erzielen soll im Fall seines Händewechsels, sondern gekauft und verkauft wird, blamiert sich die Idee mit der Recheneinheit erneut. Der Verkäufer will sein Angebot versilbern, und dabei ist er schlecht bedient mit der tröstlichen Auskunft, daß die Einheit, in welcher er wie andere den Preis seines Zeugs angibt, auch schon gefunden und festgelegt ist. Vielmehr muß diese Einheit in ausreichender Anzahl im Besitz dessen sein, der sich für den Gebrauchswert der angebotenen Güter interessiert. Umgekehrt gilt die Freude eines Käufers im Unterschied zu einem ökonomischen Theoretiker nicht der Tatsache, daß Warenpreise im Geld ihre Größe messen; für ihn ist der Umstand entscheidend, ob die Kaufkraft, die er im Geldbeutel hat, für den Erwerb der Güter seiner Wahl reicht.

Diese im gewöhnlichen Austausch, bei den tausendfach stattfindenden Käufen und Verkäufen, die „den Markt" ausmachen, praktizierten Interessen und ihre Gegensätze hat Marx ebenso wie seine klassischen Vorläufer in der politischen Ökonomie nicht übersehen. Und zwei Dogmen der politökonomischen Tradition richtiggestellt.

Zwei Überlegungen kehren in der wissenschaftlichen Befassung mit der „Marktwirtschaft" seit dem Entstehen der Disziplin immer wieder, allerdings stets im Gewand von Hinweisen, welche den Markt als äußerst sinnvolle Einrichtung und die Leistungen des Geldes als unverzichtbar für ein flottes Wirtschaften schätzen. Beide Überlegungen — die Rede von der „*unsichtbaren Hand*", die den Markt lenkt, wie das Stichwort „*Arbeitsteilung*" — haben auch Marx beschäftigt, nur etwas anders. Als Rechtfertigungsargumente ließ er sie nicht gelten.

Von dem Kompliment, das schon Adam Smith dem Markt entboten hat, ist Marx nicht so begeistert gewesen wie sein Urheber und dessen Nacheiferer. Daß eine „invisible hand" im Treiben von Angebot und Nachfrage Regie führen und dabei ohne bewußtes Zutun der Beteiligten die gesellschaftliche Arbeitsteilung zu einem insgesamt befriedigenden Ergebnis bringen sollte, leuchtete ihm überhaupt nicht ein. Einerseits stand es „*sozial*" mit den famosen Resultaten des Marktes schon damals nicht zum Besten. Andererseits gefiel ihm die Kür eines nun wahrlich metaphysisch zu nennenden Subjekts rein *wissenschaftlich* nicht. Dem Hin und Her des Marktes hatte er entnehmen können, daß sich die Subjekte des Austausches bemühen, so billig wie möglich zu kaufen und so teuer wie möglich zu verkaufen; auch hatte er gemerkt, daß sie sich dabei — mit wechselndem Erfolg — darauf verlegen, möglichst viel Geld zu behalten und einzunehmen. Das ist ihm weder bewunderungswürdig noch verwunderlich erschienen, zeichnet sich doch das Geld gegenüber den übrigen Tauschobjekten durch seine unmittelbare und universelle Austauschbarkeit aus. Und diese vorzügliche Eigenschaft läßt es allemal ratsam erscheinen, dem *Zwang zum Tausch* in einer Welt, wo alles Privateigentum ist und seinen Preis hat, mit dem *Bedürfnis nach Geld* zu begegnen. Daß das Geld kein einziges Bedürfnis befriedigt außer dem nach Austausch, war Marx ebenso klar wie jenen modernen Bürgern, die mit der sinnigen Parole aufwarten, die besagt, daß man Geld nicht essen kann. Dafür sichert es dem, der es hat, den Zugang zu jedem Bedürfnis, und deswegen ist es *d e r Gegenstand der Bereicherung*. Ihm gilt der geballte Materialismus des Privateigentums, weil es den Reichtum in schlagfertiger Gestalt darstellt.

Das alles freilich war und ist kein Grund, die Vermutung — und sei es auch nur bildlich — in die Welt zu setzen, daß in dem Mit- und Gegeneinander des Tausches, in dem das Geldmachen *den* Erfolg ausmacht, ein ziemlich unbekanntes Subjekt am Werk sein muß, welches den Laden verläßlich regelt. Auch kein Anlaß zu dem Schluß, daß dem Verhältnis der wechselseitigen Benutzung, wie es im Austausch gepflegt wird, ein rundum allseitiger Nutzen entspringt.

Für Marx jedenfalls schon eher Anlaß zu der Frage, was es mit dem *Reichtum der Güterwelt* auf sich hat, dessen Herstellung aufs Geld berechnet ist und dessen Verteilung übers Geld stattfindet, so daß ihm in dieser allgemeinen Form des Reichtums sein eigenes Maß *abstrakt* gegenübertritt — *getrennt* vom jeweils speziellen Nutzen, von den brauchbaren Gegenständen der Bedürfnisse. Er betrachtete es als ziemlich entscheidend für die ökonomische Wissenschaft zu wissen, *was* da eigentlich gemessen wird und nach welchen Regeln, wenn Warenquanta der verschiedensten Art über die Vermittlung des Geldes einander gleich gelten. Dabei hatte er zwei Probleme von vorneherein nicht. Das eine wurde von modernen Wissenschaftlern erfunden. Es besteht in dem Zweifel daran, daß ein *Tausch* — der *Ersatz* eines Quantums brauchbaren Zeugs durch eine bestimmte Menge anderer „Güter" — eine *praktizierte Gleichsetzung* darstellt, in welcher ein *Maß* — die Einheit von Qualität und

Quantität — zur Anwendung gelangt. Das andere betrifft den Namen der zu begreifenden Sache. Den gab es nämlich schon, obwohl er gar nichts zur Sache tut. Die Vorstellung von dem in einer Anzahl von Geldeinheiten präsenten oder in Gestalt von Gebrauchsdingen vorhandenen und in Geld gemessenen Reichtum hieß *Wert*.

Bei der Untersuchung des Werts konnte Marx nicht übersehen, welcher Beobachtung sich die Idee von dem im Stillen wirkenden, aber ansonsten nicht so recht wahrnehmbaren Subjekt verdankte. Die Liebhaber des Marktes hatten ja nur bemerkt, daß beim Tausch Gott und die Welt, auf ihren Vorteil bedacht, ständig bestimmte Austauschverhältnisse zustandebringen und sich an ihnen orientieren; daß aber keine Instanz auszumachen ist, die die jeweilig gültigen Proportionen festsetzt. In ihren Aktionen machen sich die Subjekte des Kaufs und Verkaufs ständig *abhängig* von den Entscheidungen und Mitteln einer Unzahl von anderen Leuten, aber jedes von ihnen verfährt bei seinen „Geschäften" ohne jede Rücksicht auf die Bedürfnisse und Erwartungen der übrigen. Daß er auf deren „Kaufkraft" und ihre Angebote angewiesen ist, weiß ein Teilnehmer des Marktes durchaus — aber wie und mit welchen Konsequenzen, das überlassen moderne und unabhängige Privatpersonen, die sich viel darauf zugute halten, so frei zu sein, dem *Markt*. Der ist nicht ganz zufällig im modernen Sprachgebrauch zu einer maßgeblichen Autorität geworden, der man stets einiges überlassen kann und muß.

Wo die Idealisten des großen Ganzen das Funktionieren „der Wirtschaft" bestaunten, gelangte Marx erst einmal zu dem schlichten Befund, daß die *Unabhängigkeit*, mit der sich Käufer und Verkäufer ans Nachfragen und Anbieten machen, auf einer *sachlichen Abhängigkeit* beruht. Sachlich insofern, als nicht Vereinbarungen über Bedürfnisse und ihre Gegenstände, geschweige denn über die Proportionen, in welchen sie vorliegen oder notwendig sind, den Verkehr auf dem Markt bestimmen; vielmehr *ermitteln* die Tauschenden durch die Konfrontation von Geld und Gut, ob und in welchem Maße ihrer Entscheidung zum Kauf bzw. Verkauf Erfolg beschieden ist. Ein diesen Prozeß steuerndes Subjekt ist gerade nicht auszumachen, obgleich die Resultate der Konfrontation alles andere sind als willkürli-

24

che Festsetzungen der Beteiligten. In den Warenpreisen macht sich ein gesellschaftlicher Zwang geltend, der den ökonomischen Interessen der Austauschenden ein Maß setzt. Sie erfahren durch den Markt, über wieviel Reichtum sie verfügen; das Geld, an das sie gelangen und das ihnen den Zugang zu beliebigen Gegenständen ihrer Bedürfnisse sichert, gerät ihnen zum Inhalt und Maßstab ihres Erfolgs.

Neben der Geschichte von der ‚unsichtbaren Hand' hat Marx auch dem Argument „Arbeitsteilung" die Beachtung geschenkt, die ihm gebührt. Ihm wollte im Unterschied zu seinen späteren Kritikern nicht recht einleuchten, warum eine Erklärung des Geldes in dessen Lob dafür gipfeln soll, daß es in „einer" arbeitsteilig verfahrenden Wirtschaft die fällige Verteilung bemeistern hilft. Schließlich bestimmt in der bisweilen auch „Geldwirtschaft" genannten Sorte Ökonomie die Notwendigkeit der Geldbeschaffung die Art und Weise, in der sich die Leute einer ‚Teilarbeit' annehmen. Wo der Tausch die Verteilung des gesellschaftlichen Reichtums vermittelt, wo die Zahlung nicht den Transport, sehr wohl aber den Eigentumswechsel bewerkstelligt, trägt jeder möglichst die Waren zu Markte, die ein zahlungsfähiges Bedürfnis mobilisieren. Von einer Arbeitsteilung, die nach mehr oder minder reiflicher Beratung aufgemacht wurde und dann nach dem Geld als Rechenhilfe für die Regelung der Distribution verlangt, war weder in den Tagen von Ricardo und Marx noch heute etwas zu sehen.

Seltsamerweise unterschlägt aber gerade die moderne Mikroökonomie ihren eigenen Hinweis auf den Zusammenhang von Arbeitsteilung und „Geldwirtschaft". Für sie genügt die Vorstellung von der unübersehbaren Spezialisierung der Gewerbe, von den daraus entstehenden „Problemen", die durch das Geld dankenswerterweise gelöst werden. Eine andere Notwendigkeit, die in der von ihnen besichtigten „Marktwirtschaft" die Teilung der Arbeit und das Geld zusammenschließt, ist ihr nicht bekannt; schon deshalb nicht, weil sie sich bei der Arbeitsteilung, die sie vorstellig macht, Geld und Markt wegdenkt, um anschließend bei der Analyse des Austauschs die Arbeit für unerheblich zu halten, auch wenn der Markt mit nichts anderem bestückt ist als mit Arbeitsprodukten.

4. Arbeit und Wertgesetz

Es liegt nicht an Marx' Schreibe, an altertümlichen bzw. hegelianischen „Denkfiguren" und dergleichen, wenn die heutige Wirtschaftswissenschaft der sog. „Arbeitswertlehre" so wenig Verständnis entgegenbringt. Die Überlegungen, die der als ebenso überholt wie schädlich eingestufte Kapitalismuskritiker bezüglich des Marktes angestellt hat, sind wirklich klarer als Kloßbrühe; von denen, die sie ablehnen, pflegen sie allerdings nicht einmal richtig wiedergegeben zu werden. Und dafür ist auch nicht die Bemühung von Marx verantwortlich zu machen, die Klärung der Eigentümlichkeiten, welche der Reichtum im Kapitalismus aufweist, an der Bestimmung des Arbeitsprodukts, der *Ware* vorzunehmen.

Erstens hielt er es für keiner großen Erwähnung bedürftig, daß — wenn schon „Arbeitsteilung" die große Mode und Errungenschaft ist — die Verfügung über Geld nur dadurch gesichert werden kann, wenn einer kontinuierlich verkäufliche Güter zu Markte trägt. Denn *der* Erfolg, auf den es beim marktwirtschaftlichen Verkehr ankommt, läßt sich nicht durch zufällige Überschüsse über ein ansonsten mit Selbstversorgung befaßtes Sammeln und Jagen bewerkstelligen. Ein gelegentlicher Verkauf von nützlichen Funden hat schließlich auch nur das Ergebnis, daß die dafür eroberte und in andere Güter umgesetzte Geldmenge in schlichtem Konsum endet. So daß sich die Frage stellt, wie eine Teilnahme am Markt für den mit seiner Selbstversorgung befaßten Menschen aufs Neue möglich wäre. Die Lösung für dieses „Problem" hat Marx lieber gleich korrekt vollzogen und von Robinsonaden Abstand genommen. Seine Auskunft lautete: Es wird, wenn schon Geld umläuft, auch gleich *für den Verkauf* produziert. Die schönen Güter sind von vornherein zum Zwecke des Erwerbs anderer Dinge, die andere zustandebringen und anbieten, auf die Welt gekommen. Sie sind *Geschäftsartikel*, Gebrauchswerte für andere, die mit ihrer Brauchbarkeit *den* Bedürfnissen zur Verfügung stehen, die sich bei einem *zahlungsfähigen* Interessenten finden.

Zweitens steht mit dem ausdrücklichen Zweck, für den Austausch zu produzieren, auch fest, daß die „Güter", von denen in der Mikroökonomie die Rede ist, eine ziemlich weltfremde

Erfindung darstellen. Es handelt sich nämlich keineswegs um Gebrauchswerte, die ihrem Hersteller die Alternative eröffnen, sich *entweder* selbst an ihren Verzehr bzw. Gebrauch zu machen — *oder* sie anderen zu überlassen. Sein eigenes Produkt ist für ihn wesentlich Nicht-Gebrauchswert, Mittel, um in Besitz der Dinge zu gelangen, deren Fertigung die Spezialität anderer Bereiche der gesellschaftlichen Arbeitsteilung bildet. Und ob seine Ware diesen Dienst tut, ist eine Frage des Preises, den er mit ihr erzielt; hapert es an dieser Ecke, ist es auch mit dem Nutzen seiner Ware nicht weit her. Das heißt aber nichts anderes, als daß die freien Produzenten ihre *privaten* Produktionen auf dem Markt einem *gesellschaftlichen* Test aussetzen. Dieser Test betrifft genau das Interesse, das den Eigentümer von Waren dazu treibt, diese zu fertigen. Er erfährt an den Austauschverhältnissen, ob sich sein Aufwand gelohnt hat — weil erst der Kauf seiner Ware darüber entscheidet, ob seine Mühe auch *gesellschaftlich notwendige Arbeit* gewesen ist. Das ist sie immer dann und in dem Maße, wie sie die Produkte fremder Arbeit, über den Tausch vermittelt, anzueignen gestattet.

Drittens konnte Marx also mit Fug festhalten, daß beim Austausch von Waren gegeneinander deren Gebrauchswert, der Nutzen, den sie einem Bedürfnis gewähren, nur eine bedingte Rolle spielt: Sein Vorhandensein ist die *Bedingung* dafür, daß andere mit den Resultaten ihrer Arbeit eine Ware erwerben wollen — ob sie es tatsächlich tun, ist mit dieser Voraussetzung jeglichen Kaufs noch überhaupt nicht geklärt. Sie müssen ja selbst erst den Test auf ihre Waren erfolgreich hinter sich gebracht haben und zusehen, wozu es reicht. Mehr zu arbeiten und damit mehr brauchbare Geschäftsartikel auf den Markt zu schleppen, um mehr Kaufkraft in Gestalt von Geld an Land zu ziehen — das ist zwar ratsam, schafft aber nicht das Problem aus der Welt, das besagter Test schafft: Wird die Ware auch gebraucht in dem Quantum, und wird sie auch bezahlt — mit den Erlösen aus einer Produktion, die genau derselben Kalkulation folgt und gewöhnlich sogar bei mehreren Marktwirtschaftlern zugleich stattfindet? Genau diese durchaus praktische Frage und ihre Beantwortung durch den Markt hat Marx im Auge gehabt, als er gar nicht hypothetisch feststellte, daß schon der einfache Tausch von Waren auf einer gründlichen *Scheidung von*

Wert und Nutzen beruht; daß mit dem Namen „Wert" das bezeichnet wird, was in der „Marktwirtschaft" als Reichtum gilt und sich als solcher bewährt; und daß die entsprechende Bewährungsprobe nicht den allemal am Bedürfnis von leibhaftigen Menschen zu messenden Nutzen der „Güter" wägt, sondern eine Brauchbarkeit, die ganz in der Austauschbarkeit mit Geld aufgeht. Dieser Maßstab vergleicht die Waren untereinander nach der *Wirkung*, die ihre Eigentümer mit ihnen erzielen, und schreibt ihnen als *Eigenschaft* zu, was sie im Austausch bringen. Am *Preis*, den sie *haben*, sieht man, was sie *wert sind*. Und dieser auf dem Markt festgestellte, per Konkurrenz ermittelte Wert fällt ex post das Urteil über den Aufwand, den die arbeitsteilig Produzierenden getrieben haben, um an *Geld*, das *vermittelte und allgemeine Produkt* ihrer Arbeit zu kommen. Sie gehen davon aus, daß ihre Teilarbeit den Zweck erfüllt, ein in Geld verwandeltes Produkt zu schaffen, so daß sie an den stofflichen Reichtum gelangen, den sie brauchen und wollen. Doch das subjektive Maß ihrer Leistung erfährt erst über den Markt seine objektive „Bestätigung" bzw. seine „Korrektur": So *ist* ihre Arbeit das Maß ihres Anteils am Wert, dieser *abstrakten*, getrennt von der Brauchbarkeit der Waren gültigen *Form des Reichtums*, aber nur insoweit, als sie in der Austauschbarkeit ihrer Produkte ihre gesellschaftliche Notwendigkeit beweist.

Viertens schließt diese jedem Zeitungsleser nachvollziehbare Erklärung recht bekannter Marktphänomene (daß nicht erst in Krisen, sondern schon in der gewöhnlichen Konkurrenz jede Menge Gebrauchswerte dem Kriterium des Werts geopfert werden, daß dabei manche Arbeitsstunde als *vergebliche Liebesmüh'* rangiert, ist eine Tatsache, mit der moderne Bürger ebenso vertraut gemacht werden wie mit dem *Verlangen nach Arbeit*, die für die innere und äußere Konkurrenz der Nation, für den Aufschwung wie für die Rezession, wegen der Auftragslage und für den ‚Wohlstand' das fällige Rezept darstellt) eine *Bestimmung der Arbeit* ein, auf die es im Kapitalismus mit seinen obligatorischen Gänsefüßchen ankommt. Maß des Werts ist sie nicht durch die speziellen Verrichtungen, mit denen aus allerlei natürlichen Materialien mit allerlei Hilfsmitteln ein Produkt verfertigt wird, das aufgrund seiner Eigenschaften für Konsumtion oder Produktion gute Dienste tut. Diese *konkrete* Tätigkeit ist wiederum nur die Voraussetzung dafür, daß die Produkte für den Austausch interessant werden. Was gemessen wird, wenn das *objektive Maß der Werte*, das Geld, zum Einsatz gelangt, ist Arbeit schlechthin; unabhängig von ihren mehr oder minder komplizierten Verfahrensweisen, von den Arbeitsmitteln wie von Techniken der Produzenten. Marx hat die *abstrakte Arbeit* wiederum aus der Gleichsetzung der Arbeitsprodukte im Tausch „hergeleitet", was ihm viel Unverständnis eingebracht hat. Dabei ist noch nicht einmal die Wahrheit über das Maß, welches quantitative Differenzen von qualitativ Gleichem festhält, erforderlich, um zu begreifen, welche Banalität Marx im Auge hatte: Wo der genuine Zweck der Arbeit das Geld ist, kommt es weder auf die Vorliebe zu einer Tätigkeit noch auf die traditionelle Verwurzelung in einem Gewerbe an; Wechsel der Produktion, der Branche — oder, vom Arbeiter her ausgedrückt: Umstellung, Mobilität — ist für jeden aufgeklärten Kenner des Marktes die selbstverständlichste „Produktionsentscheidung"; wenn es darum geht, welche Arbeit sich lohnt, ist jede so gut wie die andere oder eine unter Umständen auch einmal gar nichts trotz der nützlichen Früchte, die sie bringen mag. Bei den Arbeiten, die für die Produktion von Wert taugen, kommt es dafür darauf an, daß sie möglichst ausgiebig stattfinden. Wenn das Interesse beim Tausch der Arbeitsprodukte, der Waren, sich darauf richtet, möglichst viel fremde Produkte für das eigene einzutauschen, so vergleichen sich in den Proportionen, in welchen die Waren schließlich getauscht werden, die gesellschaftlich notwendigen Arbeiten nach dem einzigen Unterschied, dessen sie als abstrakte fähig sind — nach der *Zeit*. Und daß Marx mit dem heute höchstens noch Naturwissenschaftlern vertrauten Argument dahergekommen ist, daß Zeit nun einmal das „Maß der Bewegung" sei, darf man ihm getrost verzeihen. Erstens stimmt es, und zweitens hält selbst der wirtschaftliche Sachverstand von heute die gewissenhafte Festsetzung und Einteilung der Arbeitszeit für das Allerwichtigste.

Im Interesse einer möglichst großen Anzahl von verkäuflichen Waren ist die *absolute Arbeitszeit* maßgeblich für den Erfolg, auf den die Produktion für den Tausch abzielt. Zugleich kommt es den Warenproduzenten auf die *Verkürzung der relativen Arbeitszeit* an; ob sie pro Stück die gesellschaftlich notwendige Arbeitszeit aufgewandt, sie über- oder unterboten haben, stellt sich im Preisvergleich konkurrierender Angebote heraus, die sich einem quantitativ umschriebenen zahlungsfähigen Bedürfnis gegenübersehen. Die Notwendigkeit, sich mit seinen Produkten als Nutznießer der gesellschaftlichen Arbeitsteilung zu bewähren, schließt also durchaus einen handfesten Widerspruch ein im Umgang mit der „Geldquelle Arbeit": Der Wert einer Ware steigt mit der auf sie verwandten Arbeitszeit, aber nur, soweit es sich um gesellschaftlich notwendige handelt. Im Bemühen, dieser Bedingung des Erwerbs gerecht zu werden, ist Produktivitätssteigerung, welche den *Wert der Waren senkt*, das Mittel in der Konkurrenz, den *angeeigneten* Wert *zu mehren* — bzw. ein Zwang, den Warenproduzenten an den Schranken des Marktes erfahren.

Es ist vielleicht nicht unnütz, die hier referierten Aussagen der „objektiven Wertlehre" auch einmal im Original zu Wort kommen zu lassen; denn was an Marx kritisiert zu werden pflegt, hat mit seinen Behauptungen über Ware, Wert, Preis, Geld und Arbeit herzlich wenig zu schaffen:

„Das Produkt befriedigt heute ein gesellschaftliches Bedürfnis. Morgen wird es vielleicht ganz oder teilweise von einer ähnlichen Produktenart aus seinem Platze verdrängt. Ist auch die Arbeit, wie die unsres Leinwebers, patentiertes Glied der gesellschaftlichen Arbeitsteilung, so ist damit noch keineswegs der Gebrauchswert grade seiner 20 Ellen Leinwand garantiert. Wenn das gesellschaftliche Bedürfnis für Leinwand, und es hat sein Maß, wie alles andre, bereits durch nebenbuhlerische Leinweber gesättigt ist, wird das Produkt unsres Freundes überschüssig, überflüssig und damit nutzlos. Einem geschenkten Gaul sieht man nicht ins Maul, aber er beschreitet nicht den Markt, um Präsente zu machen. Gesetzt aber, der Gebrauchswert seines Produkts bewähre sich und Geld werde daher angezogen von der Ware. Aber nun fragt sich's, wieviel Geld? Die Antwort ist allerdings schon antizipiert im Preis der Ware, dem Exponenten ihrer Wertgröße. Wir sehn ab von etwaigen rein subjektiven Rechenfehlern des Warenbesitzers, die auf dem Markt sofort objektiv korrigiert werden. Er soll auf sein Produkt nur den gesellschaftlich notwendigen Durchschnitt von Arbeitszeit verausgabt haben. Der Preis der Ware ist also nur Geldname des in ihr vergegenständlichten Quantums gesellschaftlicher Arbeit. Aber ohne Erlaubnis und hinter dem Rücken unsres Leinwebers gerieten die altverbürgten Produktionsbedingungen der Leinweberei in Gärung. Was gestern zweifelsohne gesellschaftlich notwendige Arbeitszeit zur Produktion einer Elle Leinwand war, hört heute auf, es zu sein, wie der Geldbesitzer eifrigst demonstriert aus den Preisquotationen verschiedner Neben-

buhler unsres Freundes. Zu seinem Unglück gibt's viele Weber auf der Welt. Gesetzt endlich, jedes auf dem Markt vorhandne Stück Leinwand enthalte nur gesellschaftlich notwendige Arbeitszeit. Trotzdem kann die Gesamtsumme dieser Stücke überflüssig verausgabte Arbeitszeit enthalten. Vermag der Marktmagen das Gesamtquantum Leinwand, zum Normalpreis von 2 sh. per Elle, nicht zu absorbieren, so beweist das, daß ein zu großer Teil der gesellschaftlichen Gesamtarbeitszeit in der Form der Leinweberei verausgabt wurde. Die Wirkung ist dieselbe, als hätte jeder einzelne Leinweber mehr als die gesellschaftlich notwendige Arbeitszeit auf sein individuelles Produkt verwandt. " (Das Kapital Bd. 1, S. 121 f.)

Was die „objektive" Wertlehre von Marx also nicht vertritt, ist diesem Abschnitt bereits leicht zu entnehmen.

Zunächst einmal hat sich der politische Ökonom Marx nicht zu einem *Lob der Arbeit* herbeigelassen, schon gar nicht mit dem Argument, die Arbeit sei die „*einzige*" Quelle des Werts. Daß seine Ausführungen über den Wert, sein Zustandekommen und sein Wachstum dahingehend mißverstanden wurden, er habe den Arbeitsleuten und ihrer Mühsal ein Kompliment erstatten wollen, mußte er leider selbst noch bei seinen Verehrern erleben. In seiner „Kritik des Gothaer Programms" von 1875 blieb ihm nichts anderes übrig als eine barsche Zurückweisung seiner falschen Freunde. „Wert" nahmen die Genossen gleich als „Reichtum" samt „Kultur", sahen also trotz ausgiebigen Gebrauchs von Wörtern wie „gesellschaftlich" und „historisch" von der Besonderheit des Reichtums ab, der sich als Wert präsentiert — *und* ließen die Arbeit(er) staatsmännisch hochleben. So mußte der politische Ökonom aus der Abteilung „Arbeitswertlehre" gleich mehrere Dinge klarstellen. Zum einen, daß für den Reichtum allemal die Natur *auch* ein bißchen „Quelle" spielt, zum anderen, daß die Vergötterung des Arbeitseinsatzes eher dessen Nutznießern ansteht als denen, die sich als Parteigänger der Arbeiter in Szene setzen. Heute müßte er auch noch die Ökologen belehren; darüber, was es heißt, wenn der Wert als gültiger Reichtum zur Produktions- und Geschäftsmaxime geworden ist. Vielleicht hätte er sich selbst zitiert — „Die kapitalistische Produktion entwickelt daher nur die Technik und die Kombination des gesellschaftlichen Produktionsprozesses, indem sie zugleich die Springquellen alles Reichtums untergräbt: die Erde und den Arbeiter" (Das Kapital Bd. 1, S. 529 f.) —, vielleicht aber auch nur gesagt, daß es verkehrt ist, aus der Natur einen ideellen Wert zu machen, nur weil sie durch die Wirkung des realen Werts für manches unbrauchbar wird.

Marx hat sich also nicht den Widerspruch geleistet, Gegner einer Produktionsweise zu sein, in der es um Wert geht und sonst nichts, um dann hinterher dessen Quelle, weil seine „einzige", anzubeten. Umgekehrt ist ihm nicht verborgen geblieben, daß die Arbeit denen nichts Gutes bringt, die sie zum Zwecke der Wertbildung und -mehrung verrichten. Genau das Mißverständnis seiner Epigonen bzw. mit viel Gerechtigkeitssinn ausgestatteten Zeitgenossen haben aber dann die Apologeten der besten aller Gesellschaften aufs Korn genommen. In der sicheren Annahme, daß Kritik an einer Welt, wo das Geld „regiert", allemal auf einer Begeisterung für den „Wert der Arbeit" beruht, den es gar nicht gibt, haben sie sich daran gemacht, der Arbeit die Alleinurheberschaft des von ihnen favorisierten Reichtums zu bestreiten. Und siehe da — Leute, die den Wert für eine riesige und bösartige Falschmeldung halten, sind zu „*Faktoren*" vorgestoßen, die mindestens genausosehr wie die Arbeit für das, was wir lieben, verantwortlich sind. Als ob sich Marx nicht hinreichend verständlich darüber ausgedrückt hätte, welche natürlichen und gesellschaftlichen Bedingungen „*die* Arbeit" hat und erfüllen muß, sind alte und neue Schlaumeier, allesamt von Zuneigung gegenüber der „Recheneinheit" Geld und dem „Marktmechanismus" erfüllt, auf *Wertquellen* gestoßen: Technik, Wissenschaft, Innovation, Fortschritt, vor allem Kapital und Grundbesitz, aber auch Verzicht und die Zeit wurden in den Kreis der wertbildenden Substanzen aufgenommen. Und das alles nur, um zu zeigen, daß die „Marktwirtschaft" außer auf Arbeit noch auf ganz anderen Sachen beruht! Als ob Marx nie etwas von der *abstrakten, gesellschaftlich notwendigen und Privat*arbeit erzählt hätte, dementieren inzwischen Generationen von Wirtschaftswissenschaftlern etwas, was die „objektive Wertlehre" nie behauptet hat, weil sie keine „subjektive" ist: daß der Aufwand eines einzelnen den Wert bestimme, so daß sich Warenpreise aus der Tagesmühe eines Werktätigen ergäben. Solche Gelehrte referieren Marx nach den Kriterien ihrer Absichten, zeihen ihn der müdesten „Paradoxien", indem sie die offenkundige Verschiedenheit von Nutzen und Wert *gegen* den Theoretiker verwenden, der auf ihrem Gegensatz bestanden hat, und bringen sich selbst als die wissenschaftlich problembewußte Alternative ins Spiel:

„Einige Klassiker, vor allem David Ricardo, aber auch sein intellektueller Erbe Karl Marx, behaupten, der Wert eines Gutes werde ganz oder überwiegend durch die menschliche Arbeit bestimmt, weil alle Produktionsfaktoren auf Arbeit zurückgingen und sich durch diese ausdrücken (?) ließen. Immerhin sahen diese Klassiker, daß der Marktpreis in vielen Fällen nicht dem Arbeitswert entspricht. Sie griffen deshalb zu ergänzenden Interpretationen für die Wertbildung. Neben „beliebig vermehrbaren" gäbe es „seltene" oder „einmalige" Güter. Darüber hinaus (?) müsse einem Gut ein Gebrauchswert (Nutzen) zukommen, wenn es am Markt einen Tauschwert (Preis) haben solle. Mit solchen Konstruktionen (ad-hoc-Aussagen) waren jedoch nicht alle Erscheinungen, insbesondere nicht die großen Divergenzen zwischen Gebrauchs- und Tauschwert, zu erklären. Wie kommt es, daß Güter von hohem Gebrauchswert, wie Brot und Wasser, einen relativ geringen Tauschwert haben? Wieso haben andererseits Diamanten einen hohen Tausch-, aber geringen Gebrauchswert? Zwischen beiden Werten gibt es eine Antinomie (Wertparadoxie), die von den Vertretern der Arbeitswertlehre nicht hinreichend klargelegt werden konnte. Die Grenznutzen-Analyse ist insoweit ein nützliches Instrument zur Aufhellung der Paradoxie..." (WOLL, Allgemeine VWL, München 1981, S. 126)

An der Wiedergabe der Auffassungen von Ricardo und Marx stimmt kein Wort. Aber das macht nichts. Die moralischen Verteidiger eines Marktes, der allemal einen sehr begrenzten Grenznutzen maximieren hilft, vermuten eben in der „Arbeitswertlehre" einen moralischen Angriff. Die Entdeckung, daß eine gewisse Sorte Reichtum auf einer sehr eigenartigen Sorte Arbeit beruht, halten sie für die Eröffnung eines Rechtsstreits darüber, wem nach dem Verursacherprinzip Lob, Ehr' und Preis gebühren. Wissenschaftlich liegen sie damit völlig daneben, weil Marx den Wert erklären wollte, wie er in der Gleichsetzung von Waren und Geld stattfindet. Dennoch läßt sich ihrer antikritischen Theorie ein gewisser Realitätssinn nicht absprechen. Marx hat nämlich bei allem Mangel an Gerechtigkeitssinn mit seiner „Arbeitswertlehre" eine Entdeckung beansprucht. Aus dem Wert und seiner Erklärung ging für ihn hervor, daß das Geld ein Produktionsverhältnis definiert, das nichts taugt. Für die meisten.

5. Vom Produktionsverhältnis, auf dem der Wert beruht

Der Markt stiftet zwar den „Hang zum Geld", leistet jedoch als einfacher Austausch — bei dem jedermann seine Arbeitsprodukte zu versilbern trachtet — für die Erfüllung des Bedürfnisses nach dem abstrakten Reichtum entschieden zu wenig. Die Früchte der eigenen Arbeit taugen einfach nicht zur Bereicherung, die das allgemeine Äquivalent zum Gegenstand hat. Das durch ihren Verkauf erworbene Geld ist erst einmal nur Zirkulationsmittel, d.h. es wird zum Kauf der benötigten Waren wieder ausgegeben, welche als fremde Produkte und fremdes Eigentum den Markt bevölkern. Seine Vermehrung gelingt einzig durch mehr Arbeit und/oder verringerten Konsum. Und diese beiden Verfahren stehen in offenkundigem Gegensatz zu ihrem Zweck: Ausgerechnet die Steigerung der eigenen Mühen und der Verzicht präsentieren sich da als der Weg zum Reichtum! Durch das Sparen sucht der „Haushalt", wie er in der Mikroökonomie heißt, den abstrakten Reichtum zu ergattern, aber gerade ohne ihn dazu zu benützen, sich in der Warenwelt zu bedienen. Und eine gesteigerte Arbeitsleistung eröffnet ebenfalls nicht das Reich der Freiheit, das sich schließlich mit der Verfügung über möglichst viel Geld einstellen soll. Ganz abgesehen davon, daß die zahlungsfähige Nachfrage allemal ihr gewichtiges Urteil über das Bemühen fällt, mehr Produkte an den Mann zu bringen. Unverkäuflichkeit bzw. fallende Preise erinnern schließlich daran, daß die gesellschaftlich notwendige Arbeitszeit den Wert macht; eine gesteigerte Produktivität der Arbeit, welche „preiswerte" und darin in der Konkurrenz überlegene Produkte zu fabrizieren gestattet, beruht auf dem Kauf von Arbeitsmitteln, so daß sich der gute einfache Warenproduzent an seinem Eigentum abmüht, um sich zu erhalten — aber noch lange nicht bequem über Geld verfügt ...

Solche Alternativen und ihr Scheitern sind nicht nur theoretische Konstruktionen. Sie finden statt, und die Rechnung geht nie auf, weil sie mit den tatsächlichen Zwecken des Marktes nichts zu tun haben. „*Markt*wirtschaft", in der Tausch die Mühen lohnt, gibt es nämlich nicht. Gerade in dieser Sorte Wirtschaft, welche die Arbeit schlechthin als einzige Quelle des Reichtums gelten läßt, den sie in der Gestalt des Werts anhäuft — mit dem Geld als dessen allgemeinem Repräsentanten —, tummeln sich keineswegs nur lauter gleiche, freie und geheime Waren- und Geldbesitzer, die abwechselnd kaufen und verkaufen, was sie geschaffen haben und ihr Eigentum nennen. Sämtliche durch das Wertgesetz umschriebenen Maßstäbe und „Sachzwänge" *sind in Kraft*, allerdings nur, weil *Arbeit und Eigentum* gründlich *geschieden* sind.

Der Sache nach ist es völlig gleichgültig, ob diese Scheidung als logische Konsequenz aus der Erklärung des Werts — wie bei Marx — dargelegt wird, oder ob man sich theoretisch Rechenschaft darüber ablegt, wie die Vermehrung von Reichtum in einer Gesellschaft vonstatten geht, in der selbst ihre eifrigsten Befürworter „sozial Schwache" im Schatten von Konzernbilanzen ausmachen, wobei sie letztere als das Erfolgskriterium der wirtschaftlichen Entwicklung begutachten. Jedenfalls bedarf es keines flammenden Bekenntnisses zur Marxschen „Arbeitswertlehre", um festzustellen, daß

— der Markt eine große Zahl von Statisten umfaßt, die arbeiten, um an Geld zu kommen;

— diese Leute verpflichtet und bereit sind, etwas Verkäufliches herzustellen, aber über die Mittel der Produktion selbst nicht verfügen;

— so daß sie ihre Dienste gegen ein Entgelt veräußern, und zwar an andere, die als Eigentümer eines Betriebs auch die Produkte ihr eigen nennen;

— deren Verkauf ihnen einen Zuwachs ihres Vermögens sichert bzw. sichern soll;

— womit die „unselbständig" Arbeitenden bei der Beschaffung ihres Lebensunterhalts von eben diesem Geschäftserfolg ihrer Anwender abhängig sind

— und die gegensätzlichen Bestimmungen des Wertgesetzes zu spüren kriegen: Ausdehnung der Arbeitszeit, Intensivierung der Arbeit, Veränderung der Produktivität durch neue Arbeitsmittel — und darüber auch einmal das Überflüssigmachen ihrer Dienste, weil zu keiner gesellschaftlich notwendigen Arbeit tauglich ...

Seltsamerweise nehmen nicht nur Praktiker der „Marktwirtschaft", sondern auch ihre wissenschaftlichen Deuter an den Universitäten diese Umstände nicht nur wahr, sondern auch umstandslos für sie Partei. Großzügig verzichten sie auf die Erklärung ihrer Notwendigkeit, indem sie sie zur Notwendigkeit erklären. Daß Arbeit *rentabel sein* muß, daß diese Rentabilität in Bilanzen einer Firma aufscheint und nicht mit der Brauchbarkeit der Produkte zu verwechseln ist, verkünden sie locker als „Sachzwang"; was daraus für Lohn und Leistung folgt, ist ihnen als Anwälten der „Wirtschaft" allemal selbstverständlich, und die unvermeidlichen Folgen in Sachen Armut, Gesundheit, Umwelt etc. besprechen sie als „Probleme". Ganz sozial werden ihre ausgereiften Gedankengänge angesichts der Arbeitslosigkeit. Über diese Not der von Lohnarbeit abhängigen, aber mangels Rentabilität nicht benötigten Zeitgenossen kommt ihnen einerseits die Not der sozialstaatlichen Kassen zu Bewußtsein, andererseits die Tugend derer, die sie „Arbeitgeber" nennen. Aus der Abhängigkeit vom Eigentum erschließen sie für „Beschäftigte" wie „Beschäftigungslose" nur Verpflichtungen gegenüber den ehernen Maßstäben der „Wirtschaft", wobei sie deren einziges „Argument" — Geld — ganz (un)verschämt mit der Würde eines quasi technischen Erfordernisses versehen.

Wo solche begriffslose Parteilichkeit als Wissenschaft durchgeht, sehen die theoretischen Folgerungen, die Marx aus der Analyse von Ware und Geld darbietet, ziemlich matt aus. Dabei hat der gute Mann gemeint, die politische Ökonomie in Grund und Boden zu kritisieren, als er folgende Überlegungen anstellte:

— Wenn sich als Zweck des Tausches wie der Produktion, die den Markt beliefert, der Wert hat ermitteln lassen; wenn sich der konkrete Reichtum und seine Herstellung, der Gebrauchswert und dessen Konsumtion der Realisierung des Werts unterordnen, dann kommandiert auch das Geld die Arbeit.

— Die Zirkulation Ware—Geld—Ware, die schlicht in der Konsumtion endet, zeugt zwar in doppelter Hinsicht davon, daß es um Versorgung mit Notwendigkeiten des Lebens nicht geht. Einmal ist die Gleichgültigkeit der Arbeiten und Produkte gegen das Bedürfnis des Individuums ein Hinweis darauf, daß sich eine „Marktwirtschaft" die Natur in allen möglichen Formen dienstbar macht, also von Naturnotwendigkeiten im Sinne des „bloßen Versorgens", des Überlebens, *emanzipiert* hat; zum anderen ist die Bezahlung die Bedingung und *Schranke der Konsumtion*. Und doch bietet dieser durchs Geld vermittelte Warentausch keine Handhabe für die Bereicherung, die mit dem Geld, das doch den ganzen Überfluß verfügbar macht, ansteht.

— Das Ideal des Marktes hat seine banale Realität in der Zirkulation Geld—Ware—Geld, durch die sich Geldbesitzer den Markt dienstbar machen, indem sie es so ausgeben, daß es sich vermehrt. Dazu ist freilich eines unerläßlich: Sie müssen die *Quelle des Wertes selber kaufen*, so daß die Arbeit Wert schafft, aber nicht für den, der sie verrichtet. Dann kommt der, der genügend Geld zum Kauf von Produktionsmitteln und Arbeitskräften besitzt, zu einem wachsenden Vermögen. Nach ihm hat Marx sein Buch „Das Kapital" getauft, in dem folgerichtig auch dargestellt wird, wie es zur Trennung von Arbeit und Eigentum gekommen ist. Hier sei nur soviel verraten — die Mehrwertproduktion hat nämlich wirklich nichts mit der Mikroökonomie zu tun —, daß die Not, aus Mangel an eigenen Produktionsmitteln gegen Lohn fremdem Eigentum zu dienen, nicht aus Verschwendung erwachsen ist. Genausowenig wie Kapital eine Frucht der Sparsamkeit darstellt.

Daß der *Markt ein Mittel des Kapitals* ist, das *Geld ein Produktionsverhältnis definiert*, dem irgendwie all die Sachen entspringen, welche „sozialkritisches" Denken, richtiges wie verkehrtes, bemängelt, mögen moderne Volkswirtschaftslehrer nicht entdecken, obwohl sie schwer dafür sind. Solange sie sich mit Ware und Geld befassen, bevor sie also in die „Produktionstheorie" einsteigen und sich der „Faktorenanalyse" widmen, tun sie alles, um den *Preis* als das vorbildlichste aller Distributionsmittel zu preisen. Sehr objektiv werden ihre Lehren vom Wert darüber nicht, dafür gerät ihre Zurückweisung von Marx um so subjektiver.

II. Die Entstehung der modernen VWL
Die Lehre vom subjektiven Wert

1. Das politische Bedürfnis nach einer neuen Wirtschaftswissenschaft

„Mit der neuen vom Grenznutzen ausgehenden Theorie wurde das Lehrgebäude der Nationalökonomie auf neue Fundamente gestellt und die subjektivistische Wertlehre begründet. Die Grenznutzenschule hat die bis dahin fast allein das Feld beherrschende Wert- und Preislehre der klassischen Nationalökonomie abgelöst und die Werke von A. Smith bis J. St. Mill und K. Marx in die älteren Abteilungen der Bibliotheken verwiesen. Nur die überzeugten Marxisten haben diese Entwicklung nicht mitgemacht." (Häuser, VWL-Funkkolleg, S. 152)

Nachweislich unabhängig voneinander haben ab ungefähr 1870 in kurzem Zeitraum Stanley Jevons in England, Carl Menger in Wien und Leon Walras in der französischen Schweiz diese fundamentale Umstellung vorgenommen und dabei Prinzipien einer Lehre noch einmal erfunden, die ein damals völlig vergessener Heinrich Gossen 30 Jahre vorher, von der wissenschaftlichen Gemeinde ignoriert, aufgestellt hatte.*) 1840 scheint das Bedürfnis nach einer „subjektivistischen Wertlehre" gering gewesen zu sein, 1870 so drängend, daß sie gewissermaßen jeder Ökonom für sich erstellen konnte und mußte.

Die Natur dieses Bedürfnisses ist nicht nur dem heutigen Volkswirtschaftslehrer kein Rätsel: Weiß Häuser heute, daß sich an dieser Umstellung und der Bereitschaft dazu die Marxismusfrage entscheidet, so hatten die ersten Verfechter der Grenznutzenschule, die Marx' ökonomische Schriften zum Teil gar nicht zur Kenntnis genommen hatten, die klassische englische National-

---

*) Zitiert wird aus:
Stanley W. Jevons, Die Theorie der Politischen Ökonomie (1871), Jena 1924;
Carl Menger, Grundsätze der Volkswirtschaftslehre (1871), Wien/Leipzig, 2. Aufl. 1923;
M. E. L. Walras, Eléments d'économie pure (1874) sowie
H. H. Gossen, Entwicklung der Gesetze des menschlichen Verkehrs und der daraus fließenden Regeln für menschliches Handeln (1854) nach Werner Hofmann, Wert- und Preislehre, Sozialökonomische Studientexte Bd. 1, Berlin 1964

ökonomie zum Gegner, deren Anaylse von Ware und Preis, Kapital, Zins und Grundrente eben nicht nur bei Marx zu Kritik an der Marktwirtschaft geführt hatte. Gerade Theoretiker, die sich keineswegs als Kritiker verstanden, hatten mit unvoreingenommener Untersuchung lauter Argumente der Kritik der kapitalistischen Produktionsweise geliefert, die von ihren Schülern tatsächlich in kritischer Absicht benutzt wurden.

Alle klassischen Versuche, zu erklären, woraus der „Reichtum der Nationen" (Adam Smith's Gegenstand und Buchtitel), der sich im Geld mißt, besteht und wie er funktioniert, befaßten sich mit der Eigenart der produzierten Güter, als Waren für den Austausch bestimmt zu sein, also in bestimmter Proportion die Verfügung über andere Waren und Dienste zu schaffen. Diese „Fähigkeit" der Ware, die in ihr gesetzte Kaufkraft, erklärte man sich einhellig aus der zur Warenproduktion aufgewendeten Arbeit, welche als gemeinsame Qualität die unterschiedlichen und somit nicht vergleichbaren Gebrauchsgüter kommensurabel und in bestimmten quantitativen Verhältnissen einander gleich macht.

Ziemlich unbemerkt blieb zunächst, was diese Erkenntnis in sich hatte: Ein Reichtum, der sein Maß im Arbeitsaufwand hat, wächst nur im Grad der Mühen, die aufs Produzieren verwandt wurden; er besteht gerade nicht in der Leichtigkeit, mit der die arbeitende Menschheit sich die Notwendigkeiten und Genüsse des Lebens verschafft, sondern erfordert genau das Gegenteil; die Gesellschaft ist die reichste, in der von möglichst vielen Leuten pausenlos gearbeitet wird – auf dem modernsten Produktionsniveau, versteht sich. Dabei macht die Steigerung der Produktivkraft der Arbeit im gesellschaftlichen Maßstab weder den Werktag leichter noch die Arbeitsleute reicher; denn wo Arbeitseinsatz überflüssig wird, sinkt der Wert der hergestellten Waren; ihr Produzent hat – im Durchschnitt – nichts gewonnen. So gilt das absurde Gesetz, daß der Mensch, dessen Arbeitsmühe in dem geschaffenen Produkt steckt, gar nicht reicher wird, wenn er mehr in kürzerer Zeit zustande bringt; allenfalls steht er sich vorübergehend in der Konkurrenz mit seinesgleichen besser. Der Nutznießer seiner Produktivität ist er nicht; er macht sich zum Diener des Werts, der in der Ware existiert, und geht darin auf.

Diese Kritik des kapitalistischen Reichtums ist allerdings erst Marx klargeworden.*) Den Klassikern der Politökonomie erschienen Warenwert und Geld als ebenso selbstverständliche wie unverfängliche Form des gesellschaftlichen Reichtums; eben deswegen kamen sie aber um ein „Problem" nicht herum, um das sie sich immerhin auch nicht ganz herumgedrückt haben: Wenn der Wert ganz aus verausgabter Arbeit besteht, woher kommen dann Unternehmergewinn, Zins und Grundrente, die ja auch aus dem erlösten Warenwert bezahlt werden, ebenso wie der Lohn –? Wird da womöglich der Arbeiter um den vollen Ertrag seiner Arbeit – betrogen? Den Sozialisten hat dieses Problem sehr eingeleuchtet. Sie sahen sich wissenschaftlich in ihrem Verdacht bestätigt, die arbeitende Klasse werde *ungerecht* behandelt und erhielte nicht das angemessene Entgelt für ihre Leistung. Ein Einwand gegen einen gesellschaftlichen Reichtum, der in vergegenständlichter Arbeit besteht und zählt, war das nicht; sie wollten einen staatsbürgerlich-moralischen Streit um dessen *Verteilung* führen. Deshalb entnahmen sie auch der Marxschen Wertlehre nicht die Einsicht, daß die Arbeit, wenn sie Substanz des Reichtumsmaßes, dann eben auszunutzendes Mittel eines ihr fremden Reichtums ist, sondern lasen das Gesetz umgekehrt und verkündeten programmatisch – die SPD z.B. im Gothaer Programm vom Mai 1875 – mit einigem Stolz: „Nur die Arbeit schafft Wert!" oder „Die Arbeit schafft den ganzen Wert!"

Im „Kapital" hat Marx erklärt, inwiefern vergegenständlichte Arbeit und Lohn zwei verschiedene Dinge sind und wie und mit welcher Notwendigkeit der Beschränkung des Arbeiters ein wachsender Reichtum gegenübersteht, der sich auf Unternehmer, Kreditgeber und Grundeigentümer verteilt. Seine Kritik am Kapitalismus ist deswegen auch etwas radikaler ausgefallen als der Ruf nach einem „gerechten Lohn für ein gerechtes Tagwerk". Ihm ist der Kapitalismus nicht als Betrug vorgekommen; deswegen hat er auch nicht – wie die scheinbar mit dem Anspruch auf den vollen Warenwert angetretenen Sozialisten in der politischen Praxis dann bloß – die Bekämpfung und staatliche Eindämmung kapitalistischer Betrügereien für die richtige Antwort der Betroffenen auf

---

*) Marx selbst hielt das für seine „wichtigste Entdeckung":
„Denn der wirkliche Reichtum ist die entwickelte Produktivkraft aller Individuen. Es ist dann keineswegs mehr die Arbeitszeit, sondern die disposable time das Maß des Reichtums. Die Arbeitszeit als Maß des Reichtums setzt den Reichtum selbst als auf der Armut begründet ... Setzen der ganzen Zeit des Individuums als Arbeitszeit und Degradation desselben zum bloßen Arbeiter, Subsumtion unter die Arbeit." (Marx, Grundrisse der Kritik der politischen Ökonomie, Berlin 1953, S. 596)

41

kapitalistische Produktionsverhältnisse gehalten. Dieser Unterschied hat aber damals so wenig interessiert wie heute – die wissenschaftlichen und politischen Gegner des ganzen sozialistischen „Sumpfs" schon gleich gar nicht.

Die Erneuerer der Nationalökonomie jedenfalls haben bei ihren „Widerlegungen" kein Bedürfnis verspürt, irgendetwas zu unterscheiden oder gar Marx und die von ihm kritisierten Klassiker auseinanderzuhalten. Sie hielten schon das für ganz und gar unerträglich, daß die wissenschaftliche Erklärung des Warenwerts bereits eine theoretische Infragestellung aller wichtigen Einrichtungen ihrer herrlichen Produktionsweise bedeuten sollte und Zweifel an der Legitimität des bürgerlichen Reichtums begründen konnte. Die Identität von Erklärung und Kritik ließ sie als verantwortungsbewußte Verständnis-Produzenten nicht ruhen. Es mußte doch eine Betrachtung der Wirtschaft geben, die nicht gleich in Kritik ausartete.

Das methodische Postulat der neuen Theorie hieß *Trennung von Kritik und Theorie.* Theorie solle ihren Gegenstand aus Grundprinzipien „verstehen", also im Prinzip als „sinnvoll" darstellen; Kritik sei das Geltendmachen eines Standpunkts, der mit der Erklärung nichts zu tun habe, sich also nur einer vorgängigen und darin sachfremden Parteinahme verdanken könne. Wo sie Kritik als Konsequenz einer Theorie bemerken, da denunzieren die Erneuerer einfach die Theorie als Produkt von Kritikwillen:

„Smith und Ricardo, die großen Autoritäten hatten ja, wie man damals wenigstens glaubte, denselben Satz" (den „philosophischen Lieblingsgedanken von der Arbeit als der wahren Quelle des Werts") *„gelehrt ... Und als glühender Sozialist glaubte er"* (Marx) *„gerne daran. Kein Wunder, daß er gegen einen Gedanken, der seine wirtschaftliche Weltanschauung so trefflich zu stützen geeignet war, sich nicht skeptischer verhielt als Ricardo, dem er doch höchlich gegen den Strich gehen mußte."* (BÖHM-BAWERK *))

Klarer Fall: Wenn die Theorie von der „Arbeit als der wahren Quelle des Werts" „geeignet war", sozialistische „Weltanschauungen" zu stützen, dann müssen Leute, die den Sozialismus nicht mögen, die Sache andersherum betrachten! Schon 20 Jahre vor Böhm-Bawerk wußte Jevons, der Marx nicht kannte, seine Arbeit mit einem Auftrag zu begründen: Nur

---

*) Eugen von Böhm-Bawerk, Zum Abschluß des Marxschen Systems, 1896; in: Eberle, Aspekte der Marxschen Theorie I, Frankfurt 1973, S. 91

„wenn wir uns von der Lohnfondtheorie, der Produktionskostentheorie des Wertes, der natürlichen Lohnhöhetheorie und anderen irreleitenden und falschen Doktrinen Ricardos befreien ...", werden wir „zu einer wahren Lohntheorie gelangen" (JEVONS, S. LIX-LXIII)

– einer Lohntheorie, die endlich keinen Unterschied des Lohnes zum Gewinn mehr kennt.

Den Vorwurf der vorgängigen Parteilichkeit, den Böhm-Bawerk so gerne austeilt, scheint er selbst nicht zu fürchten: Er argumentiert offen gegen eine Theorie wegen der politisch unerwünschten Konsequenzen. Seit ihm versteht sich die Grenznutzenschule explizit als Waffe gegen den Marxismus; seit ihm auch gelten Versuche, den Warenwert zu erklären, in der VWL als Sozialismus und rechtfertigen Unvereinbarkeitsbeschlüsse.

2. Der Angriff auf die Arbeitswertlehre

Die Zurückweisung einer ganzen fertigen Wissenschaft aus antikritischer Absicht trug sich mit gutem Grund als Problematisierung der klassischen Erklärung des Warenwerts vor: Hier war der prinzipielle Angriff auf Zweifel an der Lauterkeit und Menschenfreundlichkeit der kapitalistischen „Marktwirtschaft" zu führen. Für die Erneuerer der Politischen Ökonomie war das selbstverständlich ein Gebot des reinen kritischen Forschergeistes – auch wenn sie noch so deutlich durchblicken lassen, was sie eigentlich geärgert hat, wenn sie sich an der Lehre vom Preis geärgert haben:

„Es ist hauptsächlich die Unzulänglichkeit der herrschenden Preislehre und der mit ihr in enger Verbindung stehenden Theorien des Arbeitslohnes, der Grundrente und des Kapitalzinses gewesen, welche zu Reformbestrebungen auf dem Gebiete der Wirtschaftstheorie herausforderten. Die Erklärung der Preiserscheinungen durch die Theorie, daß die auf die Güter verwendeten Arbeitsquantitäten, beziehungsweise (!) ihre Produktionskosten das Austauschverhältnis der Güter regeln, mußte gegenüber einer ernsteren Kritik sich als erfahrungswidrig und als lückenhaft herausstellen. Es gibt eine große Anzahl von Dingen, welche trotz der auf sie aufgewendeten Arbeit, beziehungsweise trotz der hohen Produktionskosten, welche sie verursacht haben, doch nur niedrige, unter Umständen keine Preise erzielen, während umgekehrt für Güter, welche die Natur uns ohne Kostenaufwand darbietet, nicht selten hohe Preise erlangt werden." (MENGER, S. V)

a)

„Erfahrungswidrig und lückenhaft": Das ist *der* „sachliche" Einwand der Begründer der modernen VWL gegen die klassische Erklärung der Preise. Triumphierend entdecken sie jede Menge *Ab-*

weichungen von dem Preiskatalog, der nach ihrer Auffassung aus der „Arbeitswertlehre" folgen müßte. Dabei fällt ihnen nicht einmal auf, wie peinlich dieses Argument ihrer Beweisabsicht widerspricht.

So gilt ihre Liebe erstens solchen Preisen, die sich aus *Ausnahmesituationen* und deren geschäftlicher Ausnutzung ergeben:

„Brot hat den fast unendlich großen Nutzen, das Leben zu erhalten, und wenn es eine Frage von Leben und Tod wird, so übertrifft eine kleine Menge Nahrungsmittel an Wert alle anderen Dinge. Aber wenn wir uns unserer gewöhnlichen Lebensmittelversorgung erfreuen, hat ein Laib Brot wenig Wert ..." *(JEVONS, S. 153)*

Gerade um dessen Erklärung hätte es einer ökonomischen Theorie doch wohl zu gehen; und mit Beispielen, die ausdrücklich außerhalb der ökonomischen Normalität angesiedelt sind, läßt sich über diese wenig herausfinden. Daß bei Shakespeare einer ein ganzes Königreich für ein Pferd geben will, liegt ja nicht nur an der dichterischen Freiheit, sondern vor allen Dingen daran, daß der gute Mann auf keinem Pferdemarkt war. Dasselbe gilt für den zweiten Favoriten der alten mikroökonomischen Polemik: Produkte, die nicht für den Markt, nicht unter ökonomischen Gesichtspunkten hergestellt und nicht in beliebigen Mengen reproduzierbar sind und ihren Preis auf Liebhaberbörsen erzielen:

„Die bloße Tatsache, daß es viele Dinge gibt, wie seltene alte Bücher, Münzen, Antiquitäten usf., welche hohen Wert besitzen und heute überhaupt nicht erzeugt werden können, vernichtet die Vorstellung, daß der Wert von der Arbeit abhängt. Sogar jene Gegenstände, welche in jeder Menge durch Arbeit hervorgebracht werden können, werden selten genau (!!) zu den entsprechenden Werten getauscht." *(ders., S.155)*

Hinweis Nummer Drei — „selten genau ..." — kommt schon fast dem Eingeständnis gleich, daß die Herleitung der Preise aus der fürs Produkt verausgabten Arbeit dem polemisch ins Spiel gebrachten Empirismus des Kritikers eigentlich recht gut Genüge tut: „meistens so ziemlich" ist, unter Empirikern, doch schon eine ganze Menge! Und was, viertens, als Grund für doch sehr zahlreiche, gravierende und vor allem notwendige „Abweichungen" vorgebracht wird, bebildert bloß den moralischen Sinnspruch, daß es meistens anders kommt, als der Mensch denkt, und polemisiert gegen einen Standpunkt, den nun wirklich kein Klassiker der Politökonomie je vertreten hat, nämlich gegen die erfundene Auffassung, ausgerechnet beim Spekulieren und in den Sphären der Konkurrenzgeierei hätte der Zufall sein Recht verloren:

„Wert und Mühe sind keineswegs zwei so zusammengehörige Begriffe, daß man unmittelbar von der Einsicht ergriffen werden müsse, daß die Mühe der Grund des Wertes ist. Daß ich mich um ein Ding geplagt habe, ist eine Tatsache, daß das Ding die Plage auch wert ist, eine zweite, davon verschiedene. ... Jede der unzähligen erfolglosen Mühen, die täglich aus technischem Ungeschick oder aus verfehlter Spekulation oder einfach Unglück an ein unwertes Resultat verschwendet werden, gibt ein Zeugnis dafür ab." (BÖHM-BAWERK, S. 78)*

Wenn Fehler und Unglück die Entsprechung von „Mühe" und „Wert" nicht zustandekommen lassen, dann ist damit nicht die Ungültigkeit, sondern die Gültigkeit dieses Zusammenhangs belegt; denn wo das Mißverhältnis sich aus einem ökonomischen Scheitern erklärt, da gehören ja ganz offensichtlich ökonomisches Gelingen und rechtes Verhältnis von Aufwand und Ertrag zusammen. Das ist eben überhaupt das Widersprüchliche an dem „Empirismus", in dem die Kritiker der „Arbeitswertlehre" sich so stark fühlen: Das Aufzählen notwendiger Abweichungen zwischen „Arbeitswert" und Preis *kann* deren prinzipielle Disparatheit gar nicht beweisen, weil die Entsprechung beider Größen unterstellt ist, und zwar als der Normalfall, *von dem* da „abgewichen" wird. Der Widerspruch, die „empirische" Ausnahme ohne weiteres als Widerlegung der Regel zu nehmen, bezeugt nur den Willen, die behauptete Regel nicht gelten zu lassen, und bedeutet ernstgenommen die antiwissenschaftliche Ablehnung *jedes* ökonomischen Gesetzes der Preise, ihrer Höhe und ihrer Bewegung.

b)

Dabei betreffen die Entkräftungsversuche der Modernisierer noch nicht einmal die klassische, geschweige denn die marxistische Theorie. Sie beziehen sich mit ihrem „Empirismus" gar nicht auf die Erklärung des Warencharakters der produzierten Güter und auf die wissenschaftliche Zurückführung des in Preisen gemessenen Reichtums auf vergegenständlichte Arbeit. Mit ihren Verweisen auf ein häufiges Auseinanderklaffen von bezahltem Preis und „eigentlichem" Wert tun sie vielmehr so, als hätten ihre Vorgänger mit dem Argument der Arbeitsverausgabung die berechtigte, wahre Höhe eines jeden Warenpreises ermitteln und eine Preisliste vorlegen wollen *) — von der dann ein Jevons triumphierend sagen kann, sie sei „selten genau" erfüllt.

---

*) Die Erklärung der Preise aus der Arbeit, die in den für den Tausch produzierten Gütern steckt, hat nichts zu tun mit einer Errechnung „wahrer"

Diese Einstellung zu den Erkenntnisbemühungen der Klassiker ist ein Dokument des prinzipiellen Beschlusses, sich auf wissenschaftliche Untersuchungen der Kategorie „Preis" gar nicht erst einzulassen; sie hat aber noch eine zweite, beinahe tragikomische Seite. Das, wogegen sie anrennen, ist die Vorstellung von durch den Produktionsprozeß — wie auch immer — wohlbegründeten Preisen überhaupt; Menger setzt ausdrücklich „die auf die Güter verwendeten Arbeitsquantitäten" mit ihren „Produktionskosten" gleich. Da polemisieren sie nun aber gar nicht mehr gegen die Theorie, die sie entkräften wollen; sie eifern gegen eine ökonomische Trivialität, die weder eine richtige noch eine erfahrungswid-

---

Preise aus den dahingegangenen Arbeitsstunden oder anderen vorausgesetzten Größen. Die Preise gibt es ja schon, als reichlich begriffsloses Ergebnis der Konkurrenz zwischen Produzenten, die ihre Ware versilbern wollen; sie brauchen wahrhaftig nicht noch einmal wie von einer Preisaufsichtsbehörde berechnet zu werden, wenn es wissenschaftlich bloß darum geht zu klären, *womit eigentlich* die Produzenten konkurrieren und an Reichtum kommen — oder auch nicht. Und von einem *Recht* darauf, daß dem Produzenten eine tatsächlich aufgewandte Arbeitszeit im Tausch durch ein anderes Produkt ersetzt werden müßte, in dem haargenau der gleiche Zeitaufwand steckt, weiß die „Arbeitswerttheorie" nichts — auch wenn die Freunde einer sozialistischen Marktwirtschaft, die es bereits im 19. Jahrhundert gab, solche Konsequenzen gerne herausgebracht hätten. Gerade weil die Arbeitszeit und sonst nichts als Reichtum zählt, zählt sie nur in dem Maß der beim erreichten gesellschaftlichen Produktivitätsstandard notwendigen Arbeitszeit, im Verhältnis zur Produktivität in anderen Produktionssphären sowie nach Maßgabe des gesellschaftlichen Bedürfnisses, das sich als das allseitige Bemühen geltend macht, aus der eigenen Ware möglichst viel Geld herauszuschinden und dem anderen möglichst weniger zu zahlen als das für dessen Produkt nötige Mindestquantum Arbeit. Welchen Preis die aufgewandte „Mühe" erzielt, wird eben nicht von neutralen Schiedsrichtern ermittelt, sondern durch einen fortwährenden Konkurrenzkampf fest- und auch wieder außer Kraft gesetzt; eine Konkurrenz, die nicht um das Zusammenraffen von Gebrauchsgütern geführt wird, sondern um das in Geld gemessene Resultat gesellschaftlicher Arbeitsmühen: um den in Preisen bezifferten, allen Waren innewohnenden Wert. — Mit dieser Erklärung der Warenpreise ist die wissenschaftliche Ermittlung einer „wahren" Preisliste — also genau das, worum die moderne Mikroökonomie sich in *ihren* „Erklärungen" immerzu zu bemühen vorgibt — nicht nur weder versucht noch geleistet, vielmehr als Ding der Unmöglichkeit und ganz unsinniges Unterfangen nachgewiesen. Gerade die ökonomischen Gesetze der Konkurrenz unter Warenproduzenten schließen eine Vorausberechnung ihrer Ergebnisse aus!

46

rige, sondern überhaupt keine Erklärung von irgend etwas ist, sondern die *kalkulatorische Praxis* von Unternehmern und Kaufleuten: Die Kosten müssen wenigstens hereinkommen und ein Überschuß schon auch, sonst hat sich das Geschäft nicht gelohnt, und der Verkauf zum konkurrenzlosen Niedrigpreis unterbleibt.*) *So* gehen die Produktionskosten ganz ohne Theorie in die Festsetzung der Preise maßgeblich mit ein; und dieses Faktum kennen auch die Modernen als die Normalität, auf die sie sich mit ihren Entdeckungen haufenweiser Abweichungen immerzu beziehen — aus der betriebswirtschaftlichen Kalkulation ist es ihnen so geläufig. Weil sie es aber von der „Arbeitswertlehre" der Alten nicht unterscheiden können, leugnen sie lieber gleich den — begriffslosen — Sachverhalt selbst, dessen Erklärung sie so ärgert, und tun alles, um die Preise, um die doch die ganze „Marktwirtschaft" sich dreht, erst einmal als das haltloseste überhaupt nur denkbare ökonomische Datum, als Maßstab ohne jeden Inhalt und objektiven Grund hinzustellen.

So führt Jevons einen Kampf gegen das *Wort*, in dem die klassische Theorie und auch Marx den gesellschaftlichen Grund der Preise und ihrer Bewegung, den eigentümlichen Inhalt des Reichtums warenproduzierender Gesellschaften ausgedrückt haben. „Wert" ist für ihn ein „doppeldeutiger" und „unklarer Begriff"; die „irreführende Macht des Wortes"

„verleitet manche dazu, von solch einem nicht existierenden Wesen wie innewohnendem Wert zu sprechen." „Die einzig durchschlagende Abhilfe besteht darin, an Stelle des gefährlichen Namens eine der drei aufgestellten Bedeutungen, welche in jedem Falle gemeint wird, zu substituieren. Deshalb werde ich in diesem Buche den Gebrauch des Wortes ‚Wert' überhaupt in Hinkunft vermeiden." (JEVONS, S.73 f., 78)

Freilich nützt ihm diese Sprachreinigung überhaupt nichts, zumal er sich selbst gar nicht daran hält. Jevons' Versuch zu zeigen, daß der Wert nichts ist als eine äußere Relation einer Ware gegen eine

---

*) Als *Erklärung* der Warenpreise genommen, ist diese Kostenrechnung der reine circulus vitiosus: Die Preise (des Verkaufs) sind bestimmt durch Preise (des Einkaufs). Die Preise der Waren bestehen aus Preisen für Maschinerie, Rohstoffe und Arbeit. Die Arbeitslöhne wiederum bestehen aus den Preisen der Lebensmittel des Arbeiters und seiner Familie, und diese Lebensmittelpreise ihrerseits aus Preisen für Maschinen, Rohstoffe und Löhnen usw. im Kreis herum.

andere, ein der Ware eigener Wert also nicht sein könne, gerät zur reinen Selbstwiderlegung: Man soll also nicht

„von einem nicht existierenden Wesen wie innewohnendem Wert" sprechen; aber *„das Wort Wert drückt nur, soweit es richtig gebraucht werden kann, ihre (der Ware) Eigenschaft aus, sich in einem bestimmten Verhältnisse gegen eine andere Substanz auszutauschen." (ders., S.74)*

Ist die Austauschrelation rein zufällig, dann ist es auch keine Eigenschaft einer Ware, sich in bestimmtem Verhältnis auszutauschen; ist es aber eine Eigenschaft, aus der sich ihre ‚Kaufkraft' gegen andere Ware bestimmt, dann wäre eben zu fragen, worin diese Eigenschaft besteht, die ja, das weiß Jevons auch, von ihren Gebrauchswerteigenschaften unterschieden sein muß:

„Deshalb ist es wissenschaftlich unrichtig zu sagen, daß der Wert der Tonne Eisens die Unze Goldes ist ... Die richtigere und treffendere Ausdrucksweise ist, daß der Wert der Tonne Eisens dem Werte der Unze Goldes gleich sei ..." (ders., S. 75)

Hier sagt Jevons selbst richtig und treffend, daß Gold und Eisen Wert haben, welcher von Gold- und Eiseneigenschaften verschieden ist und der ihr Austauschverhältnis zueinander bestimmt — nur: Worin besteht dieser Wert? Jevons sagt es unmittelbar anschließend:

„Tauschwert bezeichnet nur ein Verhältnis, und der Ausdruck sollte in keinem anderen Sinne gebraucht werden."

Wo Jevons von der Erscheinung der Austauschrelationen zu der interessanten Frage vordringt, wodurch sie bestimmt ist, wo er zur Konstatierung einer „Kraft" der Ware gelangt, von der abhängt, wieviel andere Ware sie kauft, da geht er zurück zum Ausgangspunkt: Er sieht ein Verhältnis — erklärt darf es nicht werden.

Menger geht noch gründlicher zu Werk. Er leugnet das Augenscheinliche: die im Tausch realisierte Gleichwertigkeit verschiedenartiger Gebrauchsgüter, die Jevons immerhin zur Kenntnis nimmt — und die die alten Politökonomen auf den Gedanken gebracht hatte, in einer Ökonomie des Warentauschs müßte der materielle Reichtum — der Wert — wohl etwas anders bestimmt sein als durch die konkreten Güter als solche. Menger hält diese Überlegung für einen Irrweg:

„Hierdurch wurde aber der unberechenbare Nachteil für unsere Wissenschaft herbeigeführt, daß sich die Forscher auf dem Gebiete der Preiserscheinungen auf die Lösung des Problems verlegten, die angebliche Gleichheit zwischen den im Tausche zur Erscheinung gelangenden zwei Güterquantitäten auf ihre Ursachen zurückzuführen ... während eine solche ‚Gleichheit des Werts' zweier

Güterquantitäten (eine Gleichheit im objektiven Sinne) in Wahrheit überhaupt nicht besteht." (MENGER, S. 183 f.)

Zur Begründung führt Menger an, daß Käufe und Verkäufe, handelte es sich bei getauschten Gütern tatsächlich um Äquivalente, jederzeit und mit dem gleichen Recht müßten rückgängig gemacht werden können,

„während doch die Erfahrung lehrt, daß in einem solchen Falle der Regel nach keiner von beiden Kontrahenten der Stornierung des Geschäftes seine Zustimmung geben würde." (ders., S. 185)

Da ist dem gelehrten Mann doch wahrhaftig aufgefallen, daß Käufer und Verkäufer allemal gegensätzliche Interessen verfolgen: Der eine will seine Ware — teuer — versilbern, der andere für sein Geld — billig — Gebrauchswerte haben; da hat er durch emsige Beobachtung herausgefunden, daß beide „Kontrahenten" üblicherweise nicht unmittelbar nach vollbrachtem Geschäft die Seiten wechseln und *dieselbe* Transaktion in umgekehrter Richtung vollziehen; und das ist ihm Argument genug, die Trivialität zu leugnen, daß im geforderten Preis und in der hingegebenen Geldsumme eine Äquivalenz vorliegt. Er tut gerade so, als müßte die Gleich*wertig*keit getauschter Güter so unsinnig als *Identität* aufgefaßt werden, daß ein Unterschied zwischen Käufer und Verkäufer gar nicht mehr festzustellen wäre und ein völlig zweckloses Karussell von Tausch und Rücktausch die Regel sein müßte; als hätte nicht gerade die ökonomische Gleichsetzung von überhaupt nicht identischen Leistungen und Produkten den alten Preistheoretikern zu denken gegeben.

c)

Dieser Sophismus ist nicht durch Dummheit zu entschuldigen; Menger will auf eine grundsätzlich neuartige Problemstellung für sein Fach hinaus, die kritische Gedanken zum gesellschaftlichen Reichtum von vornherein sicher vermeidet.

„Eine richtige Theorie der Preise kann demnach nicht die Aufgabe haben, jene angebliche, in Wahrheit aber nirgends bestehende ‚objektive' ‚Äquivalenz' zwischen zwei Güterquantitäten zu erklären, sondern muß darauf gerichtet sein, zu zeigen, wie die konkreten Güter für jedes wirtschaftende Subjekt einen bestimmten (subjektiven) Wert haben, wie das Verhältnis, in welchem die einzelnen Güter in dieser subjektiven Wertschätzung stehen, je nach der Verschiedenheit der ökonomischen Lage der einzelnen wirtschaftenden Individuen ein sehr verschiedenes ist, wie ferner infolge dieses Umstandes die Grundlagen zu ökonomischen Tauschoperationen zwischen verschiedenen Personen entstehen und wie endlich die wirtschaftenden Menschen bei ihrem auf die möglichst

vollständige Befriedigung ihrer Bedürfnisse gerichteten Streben *dazu geführt werden, Güter, und zwar bestimmte Quantitäten derselben, tatsächlich gegeneinander hinzugeben." (ders., S. 185)*

Eine „richtige Preistheorie" hat sich also zuallererst der *unökono*mischen Natur ihres Gegenstandes, der *U*nobjektivität des Maßes für gesellschaftlichen Reichtum, das die — geforderten und gezahlten — Preise ja immerhin sind, zu vergewissern, indem sie das Allersubjektivste, die von allerlei Umständen abhängige Willkür des Individuums, an den Anfang ihrer Überlegungen rückt. Alles dreht sich in der „Marktwirtschaft" um den Preis — eben deshalb soll er auf gar keinen Fall irgend etwas für die Arbeit bedeuten, die den Reichtum schafft, sondern, ganz grundsätzlich genommen, eine freie, haltlose Herzensergießung der nach Bedürfnisbefriedigung strebenden Menschen darstellen, nämlich auf deren Geschmack und Wertschätzung zurückgehen. Die Polemik gegen die alte „Arbeitswertlehre" ist damit gleich auch noch zum *sachlichen* Ausgangspunkt der ökonomischen Wissenschaft erhoben und das Programm entworfen, die Prinzipien der Warenproduktion aus den Begierden der an ihr beteiligten Leute abzuleiten. In ihrer primitivsten Elementarform wird die apologetische Lüge, im Kapitalismus ginge im Prinzip alles *nach Wunsch* der Beteiligten, so hingestellt, als wäre die Wissenschaft in diesem moralischen Dogma auf ihren ersten und prinzipiellsten *Gegenstand* gestoßen. Da kann ja nichts mehr schiefgehen.

3. Marktwirtschaft — dem Menschen zuliebe
Die psychologische „Ableitung" des Tauschhandels

Die Absicht, Preise und marktwirtschaftlichen Tauschverkehr aus den subjektiven Wertschätzungen der Teilnehmer herzuleiten, trägt sich vor wie ein Übergang in die Psychologie und will auch so verstanden sein: Die moderne Mikroökonomie will auf einen „vollkommen naturgemäßen Beweis- und Überzeugungsgang, nämlich den psychologischen" hinaus und

„die Motive erforschen, welche die Leute einerseits beim Vollzug von Tauschgeschäften und der Feststellung der Tauschpreise, andererseits bei ihrer Mitwirkung an der Produktion leiten." (BÖHM-BAWERK, S. 79)

a)

Nun läßt sich zweifellos herausfinden, welche Lagebeurteilungen und Interessen Geschäftsleute und Lohnarbeiter im Umgang mit den „marktwirtschaftlichen" Einrichtungen und Gebräuchen ausbilden, welche Moral und welche kruden Sorten von Materialismus ihre Überlegungen ausfüllen, wie sie aufs Spekulieren oder auf Überstunden als „Lösung" für drängende Finanzprobleme verfallen usw. — *wenn es die Produktion von Waren für den Markt, die allseitige Angewiesenheit auf Geld und ein System der Preise für alles und jedes einmal gibt.* Umgekehrt wird aber nie etwas daraus: Die Künste des zivilisierten Opportunismus, die der Psychologie ihren Stoff liefern, sind nicht der *Grund* der Verhältnisse, in denen sich die verschiedenen Subjekte bewähren müssen.*) Sie lassen jede Menge *Rückschlüsse* darauf zu — und belegen eben damit, daß Lohn, Preis, Profit und andere Schönheiten der modernen Warenproduktion alles andere sind als die naturwüchsigen, sachgemäßen Instrumente einer völlig auf ihr Belieben gestellten Individualität.

Tatsächlich machen die Erneuerer der ökonomischen Wissenschaft aber auch gar nicht den versprochenen Gegenstandswechsel hin zur Analyse der subjektiven Beweggründe, die einen Zeitgenossen zum Mitmachen bewegen; zu einer von der Erforschung der Sache verschiedenen Betrachtung dessen, was die Leute denken und sich versprechen, wenn sie sich je nach ihrer ökonomi-

---

*) Den Fehler in der Gleichsetzung von Wirtschaft und Wirtschaften und des verkehrten Pseudo-Übergangs von der Wissenschaft der Politischen Ökonomie in die Seelenkunde hat Marx an Bailey kritisiert:
„ ‚Alle Umstände, die mit einem nachweisbaren Einfluß ... auf das Bewußtsein beim Austausch der Waren einwirken, können als Ursachen des Werts betrachtet werden.'
Dies heißt in der Tat weiter nichts als: Die Ursache des Werts einer Ware oder der Äquivalenz zwischen zwei Waren sind die Umstände, die den Verkäufer oder auch Käufer und Verkäufer bestimmen, irgend etwas für den Wert oder das Äquivalent einer Ware zu halten. Die ‚Umstände', die den Wert einer Ware bestimmen, sind dadurch keinen Schritt weiter erkannt, daß sie als Umstände qualifiziert werden, die auf den ‚mind' der Austauschenden wirken, die als solche Umstände auch im Bewußtsein (vielleicht auch nicht, vielleicht auch verkehrt vorgestellt) der Austauschenden liegen.
Ihr ‚mind', ihr Bewußtsein, mag durchaus nicht wissen, für es mag durchaus nicht existieren, wodurch in fact der Wert ihrer Waren oder ihre Produkte als Werte bestimmt sind. Sie sind in Verhältnisse gesetzt, die ihren mind bestimmen, ohne daß sie es zu wissen brauchen. Jeder kann Geld als Geld brauchen, ohne zu wissen, was Geld ist ... Er (Bailey) schiebt es ins Gewissen, da er mit der Theorie nicht weiter kann." (Marx, Theorien über den Mehrwert, 3. Teil, MEW Bd. 26. 3, S. 163)

schen Stellung am „Marktgeschehen" beteiligen. Politökonomie wollen sie schon treiben, also Gründe und Gesetze für die bekannten Errungenschaften, Mittel und „Sachzwänge" des modernen Wirtschaftens beibringen. Ihre Bezugnahme auf die Regeln der Tauschenden ist von der Absicht diktiert und gelenkt, den Tausch als Urbedürfnis des zwanglos nach seinen ureigensten Wertschätzungen verfahrenden Menschen „abzuleiten". Diese Absicht gibt den ganzen Gedanken her — und dieser stellt folgerichtig einen einzigen *Zirkelschluß* der peinlichsten Sorte dar.

„Der Mensch", den es zum Tauschen treibt, wird von den Erfindern der Mikroökonomie mit Hilfe des Kunstgriffs konstruiert, eine Figur aus dem Bilderbuch des Tauschhandels vorstellig zu machen, aber so, als gäbe es den Tauschhandel noch gar nicht, der allenfalls solche lächerlichen Kreaturen hervorbringt: *)

„Stellen wir uns vor, daß ein Handelskörper, welcher nur Korn besitzt, und ein anderer, welcher nur Fleisch besitzt, vorhanden sind. Unter solchen Umständen ist es gewiß, daß ein Teil des Korns gegen einen Teil des Fleisches mit einem beträchtlichen Nutzenszuwachs in Tausch gegeben werden kann." (JEVONS, S. 92)

Nun ist es bei einem „Handelskörper" von vornherein klar, daß er tauschen will und dadurch gewinnt; sonst hätte er sich seine Kornmengen ja gar nicht erst in so einseitiger Weise und überschießender Menge beschafft. Es sind also extremere Beispiele nötig, um zu beglaubigen, daß im Grunde ein jeder, gleich unter welchen wirt-

---

*) Über Jeremias Bentham, den immer wieder gern zitierten Urahn der Grenznutzenschule, und seine Erklärung aller Verhältnisse aus dem Nützlichkeitsprinzip sagt Marx:
„Wenn man z. B. wissen will, was ist einem Hund nützlich?, so muß man die Hundenatur ergründen. Diese Natur selbst ist nicht aus dem ‚Nützlichkeitsprinzip' zu konstruieren. Auf den Menschen angewandt, wenn man alle menschliche Tat, Bewegung, Verhältnisse usw. nach dem Nützlichkeitsprinzip beurteilen will, handelt es sich erst um die menschliche Natur im allgemeinen und dann um in jeder Epoche historisch modifizierte Menschennatur. Bentham macht kein Federlesens. Mit der naivsten Trockenheit unterstellt er den modernen Spießbürger, speziell den englischen Spießbürger, als den Normalmenschen.
Was diesem Kauz von Normalmenschen und seiner Welt nützlich, ist an und für sich nützlich. An diesem Maßstab beurteilt er dann Vergangenheit, Gegenwart und Zukunft. Z. B. die christliche Religion ist ‚nützlich', weil sie dieselben Missetaten religiös verpönt, die der Strafkodex juristisch verdammt." (Marx, Das Kapital Bd. 1, MEW 23, S. 636 f., FN 63)

schaftlichen Bedingungen er aufgewachsen ist, ein Jevons'scher „Handelskörper" ist:

„Setzen wir nun (!), daß ein Jäger einen großen Überfluß an Tierfellen, also an Stoffen zur Bekleidung, aber nur einen sehr geringen Vorrat an Nahrungsmitteln besäße, so zwar, daß für sein Bedürfnis nach Bekleidung vollauf, für sein Nahrungsbedürfnis aber nur in sehr mangelhafter Weise vorgesorgt wäre, während bei einem ihm benachbarten Ackersmanne gerade das umgekehrte Verhältnis obwalten würde." (MENGER, S. 167)

Echt idyllisch: Jeder der beiden braucht etwas, was er nicht hat, und hat etwas, was er nicht braucht; und das aus einer Laune der Natur oder einer Unachtsamkeit der eigenen Arbeitsverteilung heraus, denn der Tausch soll ja gerade erst erfunden werden, es soll ja nicht schon vorweg für den Tausch produziert worden sein. Was liegt *dann* näher als — *zu tauschen?*

Mit dieser ausgesprochen albernen Reflexion *) wollen die Väter der Mikroökonomie nun umgekehrt nichts Geringeres als das Wesen und den wahren Inhalt und Zweck des Tauschhandels überhaupt aufgedeckt und abgeleitet haben.

„Der eben dargelegte Fall, in welchem durch die wechselseitige Übertragung von Gütern, die für keinen der beiden Tauschenden Wert haben, also ohne jedwedes ökonomische Opfer, die Bedürfnisse der beiden besser befriedigt werden können, als dies ohne eine solche Übertragung der Fall wäre, ist allerdings ge-

---

*) Die Leistungskraft dieser Art Argument verdankt sich so wenig einer Betrachtung der Sache und so sehr dem Verfahren, daß man schlechterdings alles, wovon Leben und Lebensunterhalt jemals abhängig gemacht wurden, nach diesem Muster als Lebensmittel ausdrücken kann. Ein Mikroökonom der Sklavenhaltergesellschaft könnte beispielsweise mit folgender menschenfreundlichen Überlegung aufwarten: Der Sklave kann nur leben, wenn er für den Herrn, der ihn gekauft hat, kostenlos Arbeit verrichtet. Wie stünde es um einen Sklaven, den der Herr nicht mehr zur Arbeit brauchen kann? Ergo: Die Sklavenarbeit ist sein Lebensmittel — und wenn es sie nicht schon gäbe, müßte man sie im Interesse der Sklaven erfinden! Es ist andererseits dennoch kein Zufall, daß die Apologeten der kapitalistischen Ausbeutung als erste auf dieses bequeme „Argumentations"verfahren verfallen sind. Erstmals in diesem Produktionsverhältnis geht nämlich die Subsumtion der Menschen unter Ausbeutungsinteressen und deren Machtmittel und Einrichtungen mit einer vollen Anerkennung des Gerechtigkeitsgefühls der benutzten Leute einher und kann sich auf deren Freiwilligkeit beim Mitmachen stützen. Der Standpunkt der *Ignoranz* gegen das, *wobei* sie mitmachen, erledigt hier bereits die *Rechtfertigung* dieser Verhältnisse.

eignet, uns das Wesen jenes ökonomischen Verhältnisses auf das einleuchtend-
ste vor das Bewußtsein zu führen. Wir würden jedoch das hier vorliegende Ver-
hältnis viel zu eng auffassen, wollten wir es lediglich auf jene Fälle beschränken,
wo der Verfügung einer Person Quantitäten eines Gutes unterstehen, die größer
sind als selbst ihr voller Bedarf ..." (ders., S. 169)

Das „Wesen jenes ökonomischen Verhältnisses" ist das denkbar
dümmste *Kompliment* an den Tauschhandel: Durch ihn stellen
sich beide Seiten besser als vorher — wenn man ihnen zuvor das
Interesse von Tauschpartnern beigelegt hat! Und diese „Wesens-
bestimmung" soll überhaupt nicht unter der zusätzlichen Reflexion leiden, daß so mancher sich zum Tausch genötigt sieht, ohne
über einen Überschuß, einen Besitz über seine Bedürfnisse hinaus,
zu verfügen: Die Idee des beiderseitigen Vorteils ist weitherzig genug, um auch noch jede Erpressung als Unterfall der marktwirtschaftlichen Idylle zu verkraften.

„Jede Person, deren Wunsch nach einem bestimmten Gegenstande ihren
Wunsch nach anderen Gegenständen übersteigt, erwirbt, was sie braucht, vor-
ausgesetzt, daß sie ein entsprechendes (!) Opfer in anderer Beziehung machen
kann. Von niemandem wird jemals verlangt, etwas, was er höher schätzt, um et-
was, was er geringer schätzt, hinzugeben, so daß die vollständige Freiheit des
Tausches zum Vorteile aller gereichen muß." (JEVONS, S. 134)

„Derjenige, welcher einen hohen Preis bezahlt, muß entweder das, was er kauft,
sehr benötigen" (da schau her!!), *„oder das, was er dafür zahlt, sehr wenig be-*
nötigen; bei jeder der beiden Voraussetzungen wird beim Tausche gewonnen.
In Fragen dieser Art gibt es eine Regel, welche sicher aufgestellt werden kann,
nämlich, daß niemand ein Ding kauft, sofern er sich nicht von dem Kaufe einen
Vorteil erwartet, und daß deshalb die vollkommene Freiheit des Tausches auf
die Bewirkung eines Höchstmaßes von Nutzen hinstrebt." (ders., S. 137)

Das pure Faktum der Tauschwirtschaft wird zum Beleg der Nützlichkeit des Tausches und der Korrektheit und Übereinstimmung
der Preise mit den Wünschen der Leute. Der Tausch muß ja vorteilhaft sein – würden die Menschen sonst tauschen?

b)

In ihrer zirkulären „Ableitung" des Tausches aus seiner Nützlichkeit – für Leute nämlich, die unter der Hand als Charaktermasken
des Tauschhandels bestimmt sind – beziehen sich die modernen
Ökonomen recht frei auf das, was ihnen von der Marktwirtschaft
und deren Handelsgeschäften geläufig ist. Sie beuten einerseits
die „Selbstverständlichkeit" aus, daß die Gebrauchsgüter als Privateigentum, aber nicht für das konkrete Bedüfnis des Eigentü-

mers, sondern für dessen geschäftliches Interesse produziert werden, welches erst im Tauschhandel auf dem Markt seine Erfüllung findet – oder auch nicht. Für *Warenproduzenten* gilt das Prinzip – mit Ausnahmen... –, daß sie durch den Verkauf ihrer Ware gewinnen; denn damit realisiert sich der Zweck, den die Ware für sie einzig und allein hat. Andererseits wollen die Naturkundler des menschlichen Tauschverhaltens von dieser sehr speziellen Zweckbestimmung der Ware – und einer Produktion von Privateigentum für den Austausch – nichts wissen. Sie stellen die Sache so hin, als wäre mitten im modernsten Tauschhandel noch immer gar nichts anderes im Spiel als das urmenschliche Bedürfnis nach Gebrauchsgütern, und als ergäbe sich da nur beständig die Komplikation, daß der eine will, was der andere hat, vielleicht sogar *übrig* hat. Sie tun so, als würden dem Schuster die 100 Paar Schuhe, die er im Monat herstellt, als sein Konsumtionsmittel gelten, als solches aber ziemlich wenig nützlich sein, weil er höchstens ein Paar davon braucht; so daß er sie allemal mit Vorteil für die Wurst hingibt, die er sich nicht beschafft hat und die daher seine größte Wertschätzung genießt. Daß die 99 Paar Schuhe dem Schuster auch als Fußkleidung genützt hätten, aber leider nur wenig: Das ist die Fiktion, mit der das Dogma bekräftigt sein soll, daß vom Tausch alle Beteiligten prinzipiell nur gewinnen können und dies sein Zweck und „Wesen" sei. Dummerweise „beweist" diese Fiktion genaugenommen ein bißchen zuviel, nämlich die Vorteilhaftigkeit *jedes* Tausches; gewinnen tut der Schuster auch, wenn er sein Monatswerk für eine Wurst hingibt und erst eine Woche später verhungert. Deswegen geben die Nutzentheoretiker aber noch lange nicht zu, daß die Produktion für den Tausch etwas anderes ist als eine recht einseitig geratene individuelle Bedürfnisbefriedigung und der Tausch, wie sie ihn kennen, etwas anderes als ein Bedarfsartikelausgleich zwischen vielen Privatleuten, die bei der Arbeit für ihren Bedarf in einem Artikel übers Ziel weit hinausgeschossen sind. Anzuerkennen, daß die Warenproduktion im Tausch ihren eigentümlichen *Zweck* hat, hieße ja einräumen, daß der allgemeine Tauschhandel seinen Grund und Zweck eben nicht in den privaten Bedürfnissen als solchen hat, also zwanglos aus dem urmenschlichen „Motiv" der Bedürfnisbefriedigung herauspurzelt.

Der Zirkelschluß vom Individuum, das in der Lehre der Mikroökonomen von Natur aus mit den Attributen des Tauschpartners antritt, auf den Tausch als intelligentes, unbedingt nützliches Naturprodukt der Individuen kommt also nur durch ein widersprüchliches Bild des Tauschhandels und des Tauschpartners zustande: Der Warenproduktion, wie sie ist, wird die *Abhängigkeit* aller Beteiligten vom Austausch als dem obersten Zweck der ganzen Angelegenheit abgelauscht; um Abhängigkeit vom Markt und dem dort regierenden Geschäftszweck soll es sich aber gerade nicht handeln, sondern um das Streben, sich mit den Gebrauchsgütern, die man hat, eine *bessere* Bedürfnisbefriedigung zu besorgen, als diese Güter selbst ihrem Eigentümer bereiten könnten. Und diese Rechnung geht allemal auf — eben kraft der absurden Vorstellung von einer ziemlich geringen Nützlichkeit der in Privateigentum befindlichen Waren, die tatsächlich *gar nicht* zum eigenen konkreten Nutzen, sondern für den Verkauf und somit indirekt als Kaufmittel hergestellt wurden.

c)

Die Väter der modernen VWL sind jedenfalls froh und stolz über ihr Ergebnis: den grandiosen Beweis, daß beim Tausch die Bilanz von Plus und Minus, von Verzicht und Gewinn, stets positiv ausfällt. Als hätten sie die wirkliche Produktionsweise ihrer Gesellschaft überprüft und nur Grund zur Freude gefunden, weisen sie jeden Verdacht auf Übervorteilung oder Ausbeutung als herrschenden ökonomischen Zweck zurück und schreiten zu einer Definition des Wirtschaftens, die prinzipiell keinen Wunsch mehr offenläßt:

„Die Bedürfnisse sind der letzte Grund, die Bedeutung, welche ihre Befriedigung für uns hat, das letzte Maß, die Sicherstellung ihrer Befriedigung das letzte Ziel aller menschlichen Wirtschaft. Die Lehre von den Bedürfnissen ist von grundlegender Bedeutung für die Wirtschaftswissenschaften...“ (MENGER, S.1)

Wortwörtlich geradeso sein britisches Pendant:

„Freude und Leid sind zweifellos die wichtigsten Gegenstände der Wirtschaftsrechnung. Unsere Bedürfnisse mit der geringsten Anstrengung aufs Höchste zu befriedigen — den größten Betrag des Wünschenswerten mit den geringsten unwünschenswerten Kosten verschaffen — oder in anderen Worten, die Freude auf ein Maximum zu bringen, ist die Aufgabe der Wirtschaft.“ (JEVONS, S.36)

So sicher sind sich die modernen Volkswirtschaftslehrer in ihrer idiotischen Idylle vom befriedigten Nutzenstreben als „Wesen“ der Ökonomie, daß sie von den Beteiligten per Definition gleich gar nichts anderes mehr übriglassen als den platten Materialisten:

„Der Mensch wünscht sein Leben zu genießen und setzt seinen Lebenszweck darein, seinen Lebensgenuß auf die möglichste Höhe steigen zu lassen.“ (GOSSEN, S.1)

Diesem genußfreudigen Wesen steht in der modernen Mikroökonomie allerdings noch einiges bevor. Damit, daß es dieser Wissenschaft ihren Gegenstand, den Tausch in seiner wesensgemäßen Vorteilhaftigkeit, liefert, hat es seine Schuldigkeit noch keineswegs getan. Der Ehrgeiz der Mikroökonomen reicht weiter. Sie wollen ihrem Konstrukt einen guten Grund für das Marktgeschehen in allen seinen Einzelheiten entnehmen; insbesondere die „Erklärung" der *Preise*, die die „Arbeitswertlehre" ihrer Ansicht nach schuldig geblieben war, nämlich eine wohlbegründete Preis*liste*, die endgültig aufräumt mit dem Verdacht, da würde irgendwie und womöglich ungerecht mit der menschlichen Arbeit herumgewirtschaftet. Die *freie Willkür*, auf die Preise und Tauschhandel erst einmal zurückgeführt worden sind, soll sich als Prinzip ökonomischer (Be-)Rechnung, also selber *als berechenbar* erweisen:

„Die menschlichen Bedürfnisse sind kein Produkt der Willkür, sondern durch unsere Natur und die Sachlage, in die wir uns gestellt finden, gegeben." „Die Lehre von den Bedürfnissen (die Erkenntnis und das Verständnis ihres Wesens) ist von grundlegender Bedeutung für die Wirtschaftswissenschaften und zugleich die Brücke, die von den Naturwissenschaften, speziell der Biologie, zu den Geisteswissenschaften überhaupt und den Wirtschaftswissenschaften insbesondere führt." (MENGER)

Auf allzu schwierige, womöglich biologische Untersuchungen brauchten die neuen Ökonomen sich deswegen aber nicht einzulassen. Ihre Fragestellung bietet den Vorteil, daß sie selbst schon die Antwort enthält. Die „Lehre von den Bedürfnissen" liegt für sie längst vor. Jevons plaudert es aus:

„„Aber wo', wird der Leser vielleicht fragen, ,sind Eure ziffernmäßigen Daten, um Lust- und Unlustgefühle in der politischen Ökonomie zu schätzen?' Ich antworte, daß meine ziffernmäßigen Daten reichlicher und genauer sind als jene irgendeiner anderen Wissenschaft, aber daß wir noch nicht verstanden haben, sie zu gebrauchen. ... Preislisten..." (JEVONS, S.10)

Die Ableitung der Preise aus den Bedürfnissen gibt sich hier als das Programm zu erkennen, zirkulär von den Preisverhältnissen auf eine entsprechend geordnete Bedürfnisstruktur der wirtschaftenden Menschheit zu „schließen" und diese so darzustellen, daß sie als ein einziger zureichender guter Grund für all diejenigen Preislisten — samt Veränderungen — dasteht, die es sowieso gibt. Die wirkliche Marktwirtschaft möchte verdoppelt sein in einen inneren „Markt" der Bedürfnisse, aus dem die tatsächlich erzielten Marktpreise schon allein deshalb mit größter Folgerichtigkeit herauskommen, weil sie und sonst nichts das Material für die Konstruktion des fiktiven Seelenlebens des „homo oeconomicus" der Mikroökonomie liefern.

4. Der seelische Markt und die Konkurrenz der Bedürfnisse

a)

„Der Wert ist demnach nicht nur seinem Wesen, sondern auch seinem Maße *nach subjektiver Natur. Die Güter haben ‚Wert' stets* für *bestimmte wirtschaftende Subjekte, aber auch nur für solche einen* bestimmten *Wert." (MENGER, S.142)*

Gut, das wissen wir nun und merken es uns. Wenn nun aber vom „Wert" ein für allemal nur im Sinne einer subjektiven Schätzung die Rede sein darf, weil nach mikroökonomischer Vorschrift mitten im modernen Wirtschaftsleben einzig und allein der Standpunkt des bedürftigen Individuums zählen soll, das es sich mit seinen diversen Vorlieben gemütlich macht: Was soll dann überhaupt die Erkundigung nach so etwas Abstraktem wie einem Wert-*Maß*? Nochmals:

„In allem Güterwert tritt uns demnach lediglich die Bedeutung entgegen, welche wir der Befriedigung unserer Bedürfnisse... beimessen." (ders., S.119)

Ein Gut ist also so viel wert, wie uns die Befriedigung des Bedürfnisses, welchem es dient, wert ist. Wenn diese Versicherung selber einen Wert haben soll, dann liegt er in der Klarstellung, daß von einem Wertmaß für verschiedene Güter überhaupt nicht die Rede sein kann, weil es — mindestens — so viele qualitativ völlig unterschiedliche, inkommensurable Interessen oder Wünsche und denen entsprechende Wertschätzungen gibt wie verschiedenartige Gebrauchsgüter. Die „Bedeutung", die ein Mensch dem einen seiner Bedürfnisse und damit den Mitteln seiner Befriedigung beimißt, hat ihrem ganzen Inhalt und ihrer Qualität nach nichts zu schaffen mit der, die er anderen Vorlieben oder praktischen Notwendigkeiten beilegt. Wenn schon das Subjekt zu seinem Recht kommen soll mit seinen „verschiedenen konkreten Bedürfnissen", dann ist die Unterwerfung seiner Bedürfnisse unter ein gemeinsames Maß ganz und gar ausgeschlossen. Dürfte man sie beim Wort nehmen, so wären die Plädoyers der alten Mikroökonomen für die Subjektivität des Werts fast so etwas wie ein kulturkritischer Protest gegen das Geld, das der bunten Vielfalt menschlicher Bedürfnisse und ihrer verschiedenartigen Befriedigungen im Preis ein kahles Einheitsmaß verpaßt.

Aber so ist es eben gerade nicht, daß die „Nutzentheoretiker" mit ihrem „subjektiven Wertbegriff" auf der *Unvereinbarkeit* von „Wert" im Sinne der je besonderen subjektiven Schätzung und „Wert" im Sinne einer alle Differenzen einebnenden ökonomischen Maßeinheit beharren würden — obwohl ihre Beschwörung des „subjektiven" Moments nichts als diese, jedermann vertraute, Unvereinbarkeit beider Gesichtspunkte ausbeutet. Wo sie „Wert" als rein persönliche Einschätzungsfrage *definieren*, wollen sie das unvereinbar Andere, nämlich die abstrakte Allgemeinheit des in Geld zu messenden Preises, *begründet* haben:

„Um die Verschiedenheit der Größe des Wertes der einzelnen Güter, wie wir dieselbe im Leben zu beobachten vermögen, auf ihre letzten Ursachen zurückzuführen, wird unsere Aufgabe demnach eine doppelte sein. Wir werden zu untersuchen haben: erstens *inwiefern die Befriedigung verschiedener konkreter Bedürfnisse für die Menschen eine verschiedene Bedeutung hat (subjektives Moment) und* zweitens *welche konkreten Bedürfnisbefriedigungen in jedem einzelnen Falle von unserer Verfügung über ein bestimmtes Gut abhängig sind (objektives Moment)." (ders., S.119)*

Also eine Kulturgeschichte der menschlichen Bedürfnisse und eine umfassende Warenkunde, um die Höhe der Preise zu erklären? Eben nicht. Die Beschwörung der „konkreten Bedürfnisse" in ihrer Verschiedenheit und ihrer „konkreten Befriedigung in jedem einzelnen Fall" ist verlogen; und das theoretische Programm, das damit aufgemacht wird, ist ein schwindelhaftes Versprechen, das gar nicht eingelöst werden soll — und übrigens auch nie im Leben einzulösen ist.

b)

Wieviel nützt ein Tisch? *Wie groß* ist die „Bedeutung", die wir dem Genuß eines Klavierkonzerts, der Straßenbahnfahrt zur Arbeit oder der täglichen Sättigung beimessen?

Hierauf gibt die „Nutzentheorie" zu Recht keine Antwort — obwohl sie eine braucht; sie hilft sich damit, *so zu tun, als hätte sie sie.*

Die Frage selber ist absurd. Denn rationell gestellt, erkundigt sie sich nach dem *Zweck*, für den einer den Tisch braucht, oder nach dem *Kriterium*, nach dem er seine spärlichen Mittel aufteilt. Sie geht gerade weg vom Meßbaren, zielt — wenn man so will – aufs Qualitative. Vom Zweck her lassen die Mittel sich natürlich beurteilen; vielleicht nützt ein Tisch mehr als ein Stuhl, wenn einer die Zimmerdecke anstreichen will, und der Besitz eines guten Autos dürfte mehr befriedigen als der eines schlechten. Gerade solche Unterscheidungen am Nutzen einer Sache – und so geartet sind die einzigen Unterscheidungen, die sich in dieser Hinsicht überhaupt sinnvollerweise treffen lassen – bestätigen aber nur, daß es sich bei den Diensten, die eine Sache bietet, und bei dem zweckdienlichen Gebrauch, der sich von ihr machen läßt, immer um ein qualitatives Verhältnis zwischen Bedürfnis und Bedarfsartikel handelt. Die Erkundigung, ob und wie sehr einer mit seinem Fahrrad oder einem Konzertabend zufrieden ist oder was ihm zu wünschen übrig bleibt, ist die allerletzte Frage, die mit einer Zahl und einer Maßeinheit für Nutzen zu beantworten wäre.

Eine Antwort eben dieser Art *postulieren* die Nutzentheoretiker. Sie wollen die unmögliche Ableitung der Preise aus der Wertschätzung, des quantitativen Wertmaßes aus den nutzenbringenden Qualitäten oder der Qualität der Nützlichkeit für konkrete Zwecke; also denken sie sich „den Nutzen" als eine einheitliche Dimension, die als quantitatives Kontinuum aufzufassen sei, jenseits aller qualitativen Unterschiede der menschlichen Bedürfnisse. Das ist der erste Schritt zu einer „konkreten", „erfahrungsgemäßen" Preistheorie!

Daß der Nutzen einer Sache für ein Bedürfnis keiner wirklichen quantitativen Unterscheidung und Bestimmung fähig ist — weil jedes „besser" oder „schlechter" sich immer in qualitativen Merkmalen konkretisiert —, ist den Mikroökonomen der neuen Art als eine interessante *Schwierigkeit* ihrer Theorie aufgefallen: Sie fanden es schwer bis unmöglich, eine Maß*einheit* des Nutzens aufzustellen. Um so leichter fiel ihnen die Lösung:

„Es ist schwer, die Einheit eines Lust- oder Leidgefühls überhaupt zu begreifen; aber es ist die Größe dieser Gefühle, welche uns fortwährend antreibt, zu verkaufen und zu kaufen, zu borgen und zu leihen, zu arbeiten und zu ruhen, zu erzeugen und zu verbrauchen, und aus den quantitativen Wirkungen dieser Gefühle müssen wir ihre verhältnismäßige Stärke abschätzen." (JEVONS, S.11)

Die Logik dieser Argumentation ist atemberaubend: Zwar will die Quantifizierung des Gefühlslebens nach einem einheitlichen Maßstab nicht gelingen; das hindert diese neue Wissenschaft aber gar nicht, alles ökonomische Treiben *als* die reine Widerspiegelung abstrakter Gefühlsquanta zu nehmen und alle Preis- und sonstigen Verhältnisse als Index für die „verhältnismäßige Stärke" dieser Quanta. Da treten die Erneuerer der Ökonomie an mit dem Versprechen, die Preisgestaltung aus den subjektiven Nutzeneinschätzungen, den Lust- und Leidgefühlen, abzuleiten; dann soll es aber gar nichts ausmachen, daß man sich bei der Abstraktion eines quantifizierbaren Nutzengefühls überhaupt nichts denken kann, schon gar keine Maßeinheit; denn die platte Anschauung des Wirtschaftslebens präsentiert ja längst all die Verhältnisse quantitativer Art, zu deren Erkundung in den Tiefen des menschlichen Seelenlebens die Wissenschaft angeblich aufgebrochen war:

„Ich habe zugegeben, daß wir uns kaum die Vorstellung einer Lust- oder Leideinheit bilden können, so daß der zahlenmäßige Ausdruck der Gefühlsmengen außer Frage zu stehen scheint. Aber wir gebrauchen die Maßeinheiten in anderen Dingen nur, um die Vergleichung der Mengen zu erleichtern; und können wir die Menge direkt vergleichen, so brauchen wir die Einheiten nicht. Nun ist die Seele eines Menschen die Waage, welche ihre Vergleiche anstellt, und der endgültige Richter über die Gefühlsstärken." (ders., S.11f.)

Als leere methodische Idee ist damit die Größe eingeführt, die die Nutzentheorie als das Geheimnis aller ökonomischen Gesetze entdeckt haben will und von der sie ihren Namen hat: der Unsinn eines quantifizierbaren *Nutzens überhaupt.* Es wird so getan, als wäre gar nichts weiter dabei, das Bedürfnis nach einem Tisch von dem Bedürfnis nach der Mahlzeit quantitativ zu unterscheiden, als ein Teil oder Vielfaches, beides also *qualitativ gleichzusetzen.* Dieselben Theoretiker, die der klassischen Erklärung des Warenwerts aus der aufgewandten produktiven Arbeit, als gesellschaftlicher Umgang mit den Quellen des materiellen Reichtums, „Metaphysik" vorgeworfen hatten, finden es höchst lebensnah, neben dem Nutzen des Bettes fürs Schlafbedürfnis und dem einer Mahlzeit für den Hunger noch einen tieferen, eigentlichen Nutzen anzusiedeln, in dem Bett und Essen einerlei wären, einen Nutzen, der ein Bedürfnis ohne Zweck und Inhalt, das Bedürfnis nach Bedürfnisbefriedigung in wohlabgemessenen quantitativen Portionen bedient.*)

---

*) Was hierbei die Marx-Widerlegung betrifft, so hat es dem bürgerlichen Verstand schon immer genügt, die Erklärung des Tauschwerts mit der Auskunft zu kontern, man könne sich den Schluß von der im Tausch realisierten Gleichsetzung unterschiedlicher Güter als gleichwertiger Waren auf ihren Grund: die abstrakte, nämlich rein quantitativ bemessene Gleichheit der darin vergegenständlichten gesellschaftlich notwendigen Arbeit, nur schwer bis gar nicht, anderes dagegen sehr leicht *vorstellen.* Ein Beispiel dafür bietet der alte Edelsozialist G. B. Shaw:
„... warum wird der Prozeß, die Schuhmacherarbeit und die Tischlerarbeit dadurch auf abstrakt menschliche Arbeit zu reduzieren, daß von ihrem

c)

Was Gebrauchsgüter als *Waren* auszeichnet: ihr *abstrakter* Wert, der sie alle miteinander quantitativ vergleichbar macht, also qualitativ gleichsetzt, diese moderne ökonomische Formbestimmung hängt nunmehr ausgerechnet am menschlichen Konsum und dessen vielfältigen Bedarfsartikeln *als solchen.* Auf diesen abstrakten Nutzen, zu dem jeder tatsächliche Nutzen einer Sache für welches Bedürfnis auch immer im Verhältnis einer nur quantitativ unterschiedenen Teilmenge steht, also auf die eigene Fiktion bezieht sich die Anerkennung, die die Nutzentheoretiker dem menschlichen Materialismus zuteil werden lassen. Gewonnen haben sie damit die theoretische Handhabe, um die *Trivialität, daß* die Menschen Bedürfnisse haben und sich um deren Befriedigung kümmern, in ein immerwährendes *Rechenexempel* zu verfälschen, das ihre Theorie nachzukonstruieren behauptet.

Das fängt an mit den berühmten „Gossenschen Gesetzen" des Nutzens:

„*Es muß das Genießen so eingerichtet werden, daß die* Summe des Genusses *des ganzen Lebens ein Größtes werde." (GOSSEN, S. 4)*

---

spezifischen Charakter abgesehen wird, nicht auch auf die *Nutzen* der Schuhe und Tische angewendet?" Ja, warum nicht? Weil der Schluß auf die Gleichgültigkeit des besonderen Inhalts der Arbeit in einer Produktionsweise, in der alles auf den Wert ankommt, nichts mit einem willkürlichen Abstraktions-„Prozeß" zu tun hat, den man auch anderen Sachverhalten angedeihen lassen könnte. „Man sehe auch von ihrem" (der Schuhe und Tische) „spezifischen Nutzen als Fußbekleidung und Speiseträger ab, und man hat" — ja was? Leder und Holz! Nicht so der Dichter: „ihre abstrakte Wünschbarkeit, die ihnen gemeinsame (!) Eigenschaft (?) menschlichen Bedürfnissen zu dienen." — wie Schuhe und Tische *das* wohl noch leisten können, *unabhängig* von ihrem „*spezifischen* Nutzen" gedacht? Und weshalb man sie, ginge es darum, überhaupt *tauschen* sollte?! „Diese abstrakte Wünschbarkeit ist die wahre Grundlage, der Grund, die Substanz, die Endursache, die bewirkende Ursache — wie immer man es nennen mag — des Werts." (George Bernard Shaw, Wie man den Leuten die Werttheorie aufherrscht (1889); nach J. Fetscher, Der Marxismus. Seine Geschichte in Dokumenten, Bd. II, München 1964; S. 216 f.)
Gar nicht zur Kenntnis nehmen wollen, worum es bei der Erklärung elementarer ökonomischer Sachverhalte eigentlich zu gehen hat: das hat sich als theoretische Waffe gegen aufrührerisches Denken seit jeher bewährt.

In der Volkswirtschaftslehre kann man also Äpfel und Birnen zusammenzählen; und man muß es sogar! Weil aus dem denkbar freiesten Verhältnis, dem Genießen, die Welt der Waren und Preise abgeleitet werden soll, wird der Genuß zu einem schwierigen Kalkulationsprogramm: Maximiere Deinen Genuß! Das ist nämlich gar nicht so einfach, besagt doch das Erste Gossensche Gesetz, daß mit dem platten Grundsatz des Schatzbildners, der Keller und Speicher mit lauter wünschbaren Utensilien füllt: Immer mehr! nicht durchzukommen ist:

„Die Größe eines und desselben Genusses nimmt, wenn wir mit der Bereitung des Genusses ununterbrochen fortfahren, fortwährend ab, bis zuletzt Sättigung eintritt." (ders., S.4f.)

So wenig das Mittel für ein Bedürfnis eine Quantität „Nutzen" darstellt, so wenig hat es einen unterschiedlichen Grad dieser Größe an sich – so als wäre das erste Stück Brot „sehr Brot", das nächste nur noch „so ziemlich Brot", usw. in abnehmender Intensität. Alle Teilquanta einer Gütermenge, wenn sie für ein Bedürfnis benötigt werden, haben denselben absoluten Nutzen für dieses Bedürfnis; wenn das Bedürfnis gestillt ist, dann wird eine „weitere Bereitung des Genusses" überhaupt keinen Nutzen oder Genuß mehr stiften. Ein abnehmender Grad weiterhin bestehender Nützlichkeit ist vom Standpunkt des Bedürfnisses aus Unsinn. *Angespielt* ist mit dieser Formulierung auf die banale Eigenart physiologischer Bedürfnisse, daß nämlich zu deren Befriedigung eine gewisse Menge an Speise oder Trank nötig ist, die sich natürlich einteilen, abzählen und zur allmählichen Sättigung in Beziehung setzen läßt. Daß man viel oder wenig Hunger und Durst haben kann, hat allerdings nichts mit Gossens absurder Konstruktion zu tun, Bedürfnisse wären überhaupt so beschaffen, daß man den Hals erstens prinzipiell nicht vollkriegt, zweitens ganz allmählich aber schon. Und schon gar nicht folgt daraus ein Unterschied an den Gebrauchswerten, wie Jevons ihn festgestellt haben will:

„Als allgemeines Gesetz können wir aufstellen, daß sich der Grad des Nutzens mit der Menge des Gutes ändert und zuletzt abnimmt, wie diese Menge zunimmt." (JEVONS, S.51)

Wenn es schon um Lebensmittel gehen soll, dann könnte selbst einem Ökonomen das „Gesetz" einfallen, daß das Bedürfnis sich mit fortschreitender Verdauung erneuert, der „Grad des Nutzens" also zunimmt, je mehr die Zeit vergeht ... Aber es ist müßig, mit den Nutzenlehrern um den „konkreten Nutzen" streiten zu wollen, dessen Analyse sie versprochen haben. Mit der Erinnerung an Unterschiede in der Dringlichkeit eines Bedürfnisses *wollen* sie den Übergang von der Menschennatur zu einem Prinzip erschwindeln, das sie weder dem Durst noch irgendeinem kultivierteren Interesse entnommen haben, sondern der Gleichung, auf die sie mit ihrer Theorie *hinaus*wollen. Mit der Idee eines abnehmenden Grades des Nutzens in Abhängigkeit von der verfügbaren Menge eines Gutes erarbeiten sie sich die Kategorie des *Grenznutzens:* einer paradoxen „Größe", in der *Nutzen und Verzicht konvergieren.* Das Zweite Gossensche Gesetz setzt fest:

„Der Mensch, dem die Wahl zwischen mehreren Genüssen frei steht, dessen Zeit aber nicht ausreicht, alle vollaus sich zu bereiten, muß, wie verschieden auch die absolute Größe der Genüsse sein mag, um die Summe seines Genusses zum Größten zu bringen, bevor er auch nur den größten sich vollaus bereitet, sie alle teilweise bereiten, und zwar in einem solchen Verhältnis, daß die Größe eines jeden Genusses in dem Augenblick, in welchem seine Bereitung abgebrochen wird, bei allen noch die gleiche bleibt." (GOSSEN, S.12)

Die alberne und schon durchs Aussprechen widerlegte Frage: Was ist nützlicher, Tisch oder Bett? will Gossen sich nicht gestellt haben. Aber quantifiziert, in Abhängigkeit vom Grade der Versorgung, soll der gleiche Unsinn rational sein: Was ist nützlicher, der siebte Tisch oder das vierte Bett? Einen Anschein von Plausibilität bekommt dieser Unsinn nur durch die Anspielung auf einen Sättigungs*prozeß,* der unter dem Diktat des Versorgungs*mangels* steht, so daß sich die Frage aufdrängen soll, was „nützlicher" sei: der erste Schluck Wasser oder das letzte Stück Brot?! Dabei stimmt nicht einmal diese Konstruktion: Hat man genug, dann gibt es gar nichts zu vergleichen, und der Brot-„Genuß" konkurriert überhaupt nicht mit dem Trinken; hat man nicht genug, dann braucht man Brot *und* Wasser, und keines ist durch das andere in irgendeiner Proportion zu ersetzen.

Genau so aber will Gossen es haben. Sogar noch ohne den Standpunkt eines Mangels einzuführen, und jenseits jeder Begründung dafür, weshalb die Zeit zum Genießen immerzu nicht reichen soll, konstruiert er sich eine natürliche Bedürfniskonkurrenz, die nach dem physikalischen Gesetz der kommunizierenden Röhren zu einem glücklichen Ausgleich zu bringen wäre: Alle Genüsse stellen einen Beitrag zum „Gesamtgenuß" dar, dessen Maximierung ein quantitativ ausgewogenes Verhältnis der qualitativ verschiedenen Genüsse verlangt. Ein Zuviel des einen führt prompt zu einem Zuwenig des anderen, der sich von dem einen nur durch seinen quantitativ anderen Beitrag zum Gesamtgenuß unterscheidet. Dadurch kann bei schlechter Genußökonomie der Gesamtnutzen geringer ausfallen, als er müßte. Gut ausbalanciert ist der Gesamtnutzen — und also maximiert —, wenn der Nutzen der letzten Teilmenge des einen Gutes gleich ist dem Nutzen der Teilmengen aller anderen konsumierten Güter, so daß es für ein weiteres zusätzliches Teilquantum Genuß einfach kein Entscheidungskriterium gibt, weil jede Verwendung immer den gleichen Nutzen stiftet. Dieser Nutzen des letzten Teilquantums ist sein *Grenznutzen*, und der Ausgleich der Grenznutzen aller verbrauchten Güter ist das Prinzip der rationalen Entscheidung in der Bedürfniskonkurrenz, die die moderne Mikroökonomie als getroffen *unterstellt*:

„Ein Individuum verbrauche nach und nach kleine Mengen eines Gutes. Nun ist es das unausweichliche Streben der menschlichen Natur, jenen Weg zu wählen, welcher im Augenblick offenbar den größten Vorteil verheißt. Wenn daher das Individuum mit der von ihm getroffenen Aufteilung zufrieden ist, so folgt, daß ihm keine Änderung mehr Vergnügen schaffen würde; das heißt, ein Gutszuwachs würde genau so viel Nutzen in dem einen oder in dem anderen Gebrauche stiften. ... die Grenznutzensgrade müssen in beiden Verwendungsweisen einander gleich sein. ... Das allgemeine Ergebnis ist, daß ein Gut, wenn von einem vollendet weisen Wesen verwendet, hierbei ein Höchstmaß an Nutzen bringen müßte." (JEVONS, S.57 f.)

d)

Am Anfang seiner Überlegung argumentiert Jevons noch so, als stünde für seine Wissenschaft nun die Konstruktion des „natürlichen" Planes an, nach dem das menschliche Nutzenstreben sich in verschiedene Kanäle ergießt. Doch unterderhand wechselt die Perspektive. Was wie eine Ableitung beginnt, kippt um in die selbstzufriedene Feststellung, daß die Aufgabe schon gelöst sei: Die Menschen teilen ihre Mittel ja schon auf; wissenschaftlich bleibt dazu nur die apologetische Versicherung hinzuzufügen, daß die getroffene Aufteilung das Werk ihrer natürlichen Grenznutzenkalkulation und von sonst gar nichts sei.

Nun ist die Praxis, daß ein Mensch, noch ehe er sich „einen Genuß vollaus bereitet", auf dessen Vollendung verzichtet und sich anderen Genüssen wiederum nur teilweise und unvollständig widmet, alles andere als ein selbstverständliches und „unausweichliches Streben der menschlichen Natur". Die Gewißheit der Autoren, daß es anders ja gar nicht sein könne, appelliert lediglich an die gewohnte und notwendige Übung des Verzichts in einer Gesellschaft, in der für die meisten „die Zeit nicht ausreicht, alle (Genüsse) sich vollaus zu bereiten" – und das nicht etwa, wie die Ambivalenz der Formulierung auch noch andeutet, weil man schon gar nicht mehr wüßte, wann man denn noch genießen solle, sondern weil man gar nicht so lange arbeiten kann, wie man bei gegebenen Löhnen müßte, um sich die schon existierenden Mittel der Befriedigung aneignen zu können.

Dieser gesellschaftliche „Sachzwang" zum Verzichten und Sich-Einteilen ist den modernen Mikroökonomen jedoch kein Problem. Sie lassen ihn so wenig als Einwand gegen ihre Konstruktion gelten, daß sie ihn nicht einmal ableugnen. Sie beziehen sich auf die Realität beschränkter Einkommen, die zu einer privaten „Ökonomie" des Verzichtens zwingt, als den ganz unzweifelhaften empirischen Anwendungsfall ihrer fiktiven Physik des Grenznutzenausgleichs, die das Verzichten als Steigerungsmittel und Rationalität der Bedürfnisbefriedigung preist:

„Die Theorie drückt die Tatsache (!) aus, daß eine Person ihr Einkommen auf solche Weise verteilt, daß der Nutzen der letzten Zuwachsstücke aller verbrauchten Güter ein gleicher wird." (ders., S. 132)

Nun wird aus einem von der Geldknappheit erzwungenen Verzicht auf existierende Mittel der Bedürfnisbefriedigung auch durch seine Allgemeinheit noch lange keine Logik einer inneren Bedürfniskonkurrenz: An und für sich stehen ein Bedürfnis und seine Befriedigung in überhaupt keinem – auch nicht negativen und konkurrierenden – Verhältnis zu anderen Bedürfnissen. Die formelle Betrachtung, daß einer, wenn er etwas tut, auf die Ausführung von etwas anderem verzichtet, ist eine der Sache ganz äußerliche Reflexion; was das handelnde Subjekt nicht gewollt und gewählt hat, darauf hat es auch nicht verzichtet! Wenn aber aufgrund von Armut verzichtet und zwischen zwei gewollten Befriedigungen ausgewählt werden muß, dann gewinnt dieser Verzicht niemals ein Moment höherer Nutzenrationalität bloß deswegen, weil er in die freie Entscheidung des Verzichtenden fällt: Eine Befriedigung fällt in jedem Fall aus; durch ihren Verzicht kann kein Nutzen entstehen, durch ihren kalkulierten Verzicht keine Nutzenmaximierung; und jede praktisch getroffene Abwägung ist und bleibt eine Gewaltsamkeit, gerade weil sie Unvergleichbares zur Alternative *macht*. Die marktwirtschaftliche *Moral* macht also noch lange nicht die mikroökonomische *Ideologie* wahr, die darin die Verwirklichung des von ihr konstruierten menschennatürlichen *Materialismus* anschaulich vor sich haben will. *)

e)

Die Mikroökonomie hat jetzt alles beisammen für den „Schluß" von der konstruierten, angeblich natürlichen – ans kapitalistisch bestimmte Privatleben erinnernden und daraus ihren Schein von Plausibilität beziehenden – Ökonomie des Verzichtens auf den Warenwert: Dieser *ist* im Grunde gar nichts anderes als eine Maßzahl für die Intensität eines gefühlten Mangels, einer Entbehrung.

„Der Wert eines teilbaren Gutes, wenn ich für einen Augenblick diesen gefährlichen Ausdruck gebrauchen darf, wird in der Tat nicht durch seinen Gesamtnutzen gemessen, sondern durch seinen Grenznutzen, das heißt durch die Stärke des Bedürfnisses, welches wir nach mehr davon empfinden." (JEVONS, S.130 f.)

Das „Bedürfnis nach mehr" empfinden wir, weil wir noch nicht genug von dem teilbaren Gut haben. Deswegen kann man auch genausogut „Seltenheit" dazu sagen, wenn man sich nur das Richtige dabei denkt. Walras definiert: „rareté" ist

„die Intensität des letzten Bedürfnisses, das durch den Verbrauch einer bestimmten Warenmenge befriedigt wird." (WALRAS, S.76)

Wovon es also genug gibt, das hat eben deswegen so gut wie keinen Wert:

„Viele Güter, welche uns höchst nützlich sind, werden am wenigsten geschätzt und begehrt. Ohne Wasser können wir nicht leben, und dennoch schätzen wir

---

*) Bei Menger wird der moralische Charakter dieser Verzichtskalkulation deutlich: Er entwickelt dem Verzicht einen vollständigen Maßstab in einer Hierarchie der Bedürfnisse, von welchen die zum Überleben nötigsten als erste zu befriedigen, den Nutzen enorm steigern sollen, während die höheren Bedürfnisse zweckmäßigerweise erst dann befriedigt werden sollten, wenn noch etwas übrig geblieben ist. Diese herrliche Logik scheint Menger der „möglichst vollständigen Befriedigung unserer Bedürfnisse" zu dienen, während es der Not der Armut doch nur Aushalten empfiehlt. Immerhin ist daran zu erinnern, daß *Verzicht* das – wenigstens prinzipielle — Vorhandensein der Mittel voraussetzt, denn was es gar nicht gibt, wird nicht entbehrt. Was es aber gibt – nur für bestimmte Leute nicht, das dokumentiert *Ausschluß* vom Reichtum. Und mit dem werden die Ausgenutzten auf ihre Weise fertig, so daß Mengers Bedürfnishierarchie nichts weniger ist als eine Beschreibung des tatsächlichen Haushaltsgebarens – was Ökonomen häufig genug als Unvernunft der Konsumenten geißeln, die sich so ums Nutzenmaximum bringen. Die Unvernünftigen kennen nämlich mit demselben Recht auch das umgekehrte Prinzip: sich auch mal was leisten – und am 15. des Monats schon pleite sein!

es unter gewöhnlichen Verhältnissen gar nicht. Warum ist dies so? Einfach deshalb, weil wir gewöhnlich so viel davon besitzen, daß sein Grenznutzensgrad auf fast Null herabgesetzt ist." (JEVONS, S.50 f.)

Andere Güter wiederum sind „selten" genug, daß Mangel daran herrscht, ihnen also ein Wert zukommt:

„Wenn wir nur von Dingen sprechen, welche übertragbar sind ..., finden wir, daß zwei der klarsten Begriffsbestimmungen des Werts Nutzen und Knappheit anerkennen. In dem Augenblicke aber, wo wir zwischen dem Gesamtnutzen einer Gütermasse und dem Nutzen verschiedener Teile unterscheiden, können wir sagen, daß es die Knappheit ist, welche das Hinabgleiten des Grenznutzens verhindert." (ders., S.153)

Wann aber ist ein Gut knapp — und was heißt das überhaupt? Wenn man schon, wie die Modernisierer der VWL es für sich in Anspruch nehmen, das „konkrete" ökonomische Geschehen ins Auge faßt und an der Perspektive der Subjekte festhält, die ihre Bedürfnisse befriedigen wollen, dann sind „knapp" und „genug" bloß andere Ausdrucksweisen für „arm" und „reich"; und es ergäbe sich das interessante Paradox, daß irgendwelche Elendsgestalten in dem Stück Brot, das ihren dringlichsten Hunger unbefriedigt läßt, über enorme Werte verfügen, während die Besitzer mehrerer Villen in einem total wertlosen Luxus schwelgen, weil der „Grenznutzensgrad" ihres Wohnkomforts „auf fast Null herabgesetzt ist". So gesehen wäre aber die Einsicht fällig, daß der – für sich nicht, für andere leicht – bezahlbare Wert der Waren gerade umgekehrt der *Grund* dafür ist, daß sie häufig fehlen und dringliche Bedürfnisse ungestillt lassen; daß also die ganze Welt der „subjektiven Wertschätzungen" in einer fix und fertigen Welt der ökonomischen Tatsachen ihre Voraussetzung und ihre Gegenstände hat und diese unmöglich begründen und hervorbringen kann. Also lassen die Begründer der „subjektiven Wertlehre" hier ihren Subjektivismus auch einmal bleiben und behelfen sich mit einer „objektiven Knappheitslehre", die aller ökonomischen Wissenschaft spottet:

„Fragen wir zum Beispiel danach, warum ein Pfund Trinkwasser für uns unter gewöhnlichen Verhältnissen gar keinen Wert hat, während ein sehr geringer Bruchteil eines Pfundes Gold oder Diamanten für uns der Regel nach einen sehr hohen Wert aufweist, so ergibt sich die Beantwortung dieser Frage aus der nachfolgenden Betrachtung.

Diamanten und Gold sind so selten, daß sich die den Menschen verfügbaren Quantitäten der erstern insgesamt in einer Kiste, das den Menschen verfügbare Gold, wie eine einfache Berechnung lehrt, in einem einzigen großen Saal verwahren ließen. Trinkwasser ist dagegen in so großen Quantitäten auf der Erde vorhanden, daß sich kaum ein Reservoir denken läßt, das groß genug wäre, dasselbe zu umfassen. Demgemäß vermögen die Menschen auch nur den wichtigsten Bedürfnissen, zu deren Befriedigung Gold und Diamanten dienlich sind, Genüge zu tun, während sie ihr Bedürfnis nach Trinkwasser der Regel nach nicht nur vollständig zu befriedigen vermögen, sondern auch noch überdies sehr große Quantitäten dieses Gutes unbenützt sich entgehen lassen, weil sie die ganze ihnen verfügbare Quantität aufzubrauchen nicht imstande sind. Von konkreten Quantitäten Trinkwasser ist demnach unter gewöhnlichen Verhältnissen kein menschliches Bedürfnis in seiner Befriedigung derart abhängig, daß es unbefriedigt bleiben müßte, wofern die Menschen über diese konkrete Quantität nicht zu verfügen vermöchten, während bei dem Golde und den Diamanten selbst die geringfügigsten unter den durch die verfügbare Gesamtquantität gesicherten Bedürfnisbefriedigungen noch immer eine relativ hohe Bedeutung für die wirtschaftenden Menschen haben. Konkrete Quantitäten von Trinkwasser haben somit für die wirtschaftenden Menschen der Regel nach keinen, solche von Gold oder Diamanten aber einen hohen Wert." (MENGER, S. 136 f.)

Wann würde die Menge der Diamanten auf dem Globus denn wohl ausreichen — schließlich will sie ja keiner saufen —? Und welche „relativ hohe Bedeutung" kommt einem ungestillten Goldhunger zu, wenn man voraussetzungsgemäß nur an die konkreten Bedürfnisse denkt und nicht an den Nutzen des Goldes, der sich aus dessen Anerkennung und Verwendung als allgemeinstes Wert-Äquivalent erst ergibt —? Aufschlußreicher als die Dummheiten dieser Knappheitstheorie ist jedoch, daß der Nutzentheoretiker hier mit dem gesamtgesellschaftlichen Bedarf argumentiert, an dem das eine Gut sich als knapp, das andere als reichlich vorhanden erweisen soll. Um die Wertbildung aus dem subjektiven Bedürfnis und sonst nichts abzuleiten, darf dieses nur als unterschiedsloser Teil einer gesellschaftlichen Gesamtnachfrage gelten. Natürlich macht Menger selbst sich den Einwand, mit dem die „subjektive" Schule über die „objektive Wertlehre" triumphiert hat: In der Wüste sei ein Schluck Wasser leicht ein Pfund Gold wert. „Für die gewöhnlichen Lebensverhältnisse" möchte er es aber durchaus so gesehen haben, daß das nutzenabwägende Subjekt in seinen Vorlieben ein sehr un-subjektives Mengenverhältnis abbildet. Mit Art, Umfang und Dringlichkeit der unbefriedigten Bedürfnisse, die sich unter den wirklichen Subjekten der Gesellschaft höchst gegensätzlich verteilen, hat der „subjektive" Standpunkt dieser Wertlehre von vornherein nichts zu tun.

Den modernen Politökonomen kommt es durchaus auf das „Mißverständnis" an, das mit dem nur scheinbar rein definitorischen Fortgang von der subjektiven Grenznutzenkalkulation zu so objektiv scheinenden Bestimmungen wie „Knappheit" oder „Seltenheit" nahegelegt wird. Zwar soll sich „rareté" immer in „Dringlichkeit des unbefriedigten Bedürfnisses" zurückübersetzen lassen; aber die gar nicht objektivierbare, bei jedem Individuum unterschiedliche „Größe", die der subjektiv gefühlte Mangel, ernstgenommen, wäre, soll die „Dringlichkeit" auch wieder nicht sein; ein solcher Subjektivismus wäre das Ende aller Grenznutzentheorie. Deren Fortgang unterstellt als Subjekte individueller Nutzenabwägungen lauter *unterschiedslose* Wirtschaftsteilnehmer, die mit ihrer naturnotwendig berechnenden Psyche gleich überhaupt nichts anderes mehr sind als *Charaktermasken eines total fiktiven gesellschaftlichen Durchschnitts,* eines *Bruchteils der gesamtgesellschaftlichen Nachfrage.*

Die „Knappheiten", die dieses mikroökonomische Subjekt in seinem Inneren empfindet, können dann wirklich gar nicht anders, als mit den gesellschaftlich zirkulierten Warenmengen und deren Austauschverhältnissen übereinzustimmen!

Dieser Zirkelschluß will aber noch zu Ende gebracht sein, und zwar so, daß er ein bißchen wie eine wissenschaftliche Schlußfolgerung aussieht.

5. Fazit: Die Marktwirtschaft ist, wie sie ist

a)

Wenn Tausch von Waren in bestimmter Proportion stattfindet, dann ist der auf beiden Seiten hergestellte Grenznutzen gleich groß; und wenn zwei Partner mit ihrem Warenbestand auf gleichen Grenznutzen kommen wollen, dann tauschen sie in bestimmter Proportion. Dieser circulus vitiosus verklammert für die Mikroökonomie unauflöslich die Welt ihrer nutzentheoretischen Phantasiegebilde mit den platten Fakten der Preisgestaltung. Sie *unterstellen* ganz einfach unerbittlich, diese wären gar nichts anderes als das Resultat jener.

Der Vorvater der Disziplin *tut* noch ein bißchen so, als gäbe er seiner Wissenschaft ein Problem zur Lösung auf:

„Damit ein Größtes von Wert entsteht ... muß jeder der beiden Gegenstände nach dem Tausche unter A und B der Art sich verteilt finden, daß das letzte Atom, welches jeder von einem jeden erhält, beiden gleich großen Wert schafft." (GOSSEN, S. 127)

Das möchte man fast noch als Frage verstehen: Wann ist das so, um welche Waren geht es usw. Dabei ist es schon die Antwort: Wenn getauscht worden ist, dann *ist* per definitionem Wertmaximierung passiert.*) Nochmals auf schweizerisch:

„Sind zwei Waren auf einem Markte gegeben, so ist die maximale Befriedigung der Bedürfnisse (oder das Maximum an effektivem Nutzen) für beide Wareninhaber erreicht, wenn das Verhältnis der Dringlichkeiten der letzten noch befriedigten Bedürfnisse, also das Verhältnis der Seltenheiten dem Preise gleich ist." —

wobei Preis eben das im Tausch realisierte Mengenverhältnis der zwei Waren meint. Das klingt fast noch so, als wollte Walras mit dieser Reflexion den Schluß nahelegen, daß unter solchen Umständen Marktverhältnisse und Bedürfnisbefriedigung höchstens völlig zufällig und ausnahmsweise einmal zusammenstimmen könnten. Seine Fortsetzung „schlußfolgert" allerdings genau das Gegenteil:

„Solange diese Gleichheit nicht erreicht ist, bleibt es für den Inhaber derjenigen Ware, deren Seltenheit geringer ist als das Produkt ihres Preises mit der Seltenheit der anderen Ware, vorteilhaft, von dieser Ware zu verkaufen, um von der anderen Ware solange zu kaufen, wie deren Seltenheit größer ist als das Produkt ihres Preises mit der Seltenheit der ersten Ware." (WALRAS, S. 82)

Und weil die Marktteilnehmer ja per definitionem tun, was die Mikroökonomie als ihren Vorteil definiert, landet die Ableitung bei dem stolzen Ergebnis:

„Die Größe eines und desselben Genusses nimmt, wenn wir mit der Bereitung des Genusses ununterbrochen fortfahren, fortwährend ab, bis zuletzt Sättigung eintritt." (ders., S.4f.)

Diese „allgemeine Preisformel" erhält noch den Schein aufrecht, als wären die Warenwerte durch eine von ihnen verschiedene Größe — die „Seltenheiten" — bestimmt; und gemeint ist es auch so. Mit dem Ausdruck „rareté" ist der angebliche subjektiv gefühlte Mangel aber schon am Gegenstand des Bedürfnisses ausgedrückt: als Maß seiner Verfügbarkeit. Die mißt sich — in der

---

*) Ein Beispiel für die simple Gleichsetzung von teuer und nützlich bietet Jevons:
„Ochsen- und Hammelfleisch ... unterscheiden sich voneinander so wenig, daß die Leute beides fast unterschiedslos essen. Die Großhandelspreise aber (!) des Hammelfleisches übersteigen aber durchschnittlich jene des Ochsenfleisches im Verhältnisse von 9 zu 8, und wir müssen deshalb schließen (!!), daß die Leute im allgemeinen Hammelfleisch in diesem Verhältnis höher schätzen als Ochsenfleisch; denn sonst würden sie das teurere Fleisch nicht kaufen. Daraus folgt (!!!), daß die Grenznutzengrade dieser Fleischarten in diesem Verhältnisse stehen ..." (S. 128) —
... so daß die Großhandelspreise gar nicht anders können, als sich nach diesem Verhältnis zu richten.

Marktwirtschaft trivialerweise — an der Menge anderer Güter, die dafür hingegeben werden müssen; das Austauschverhältnis zwischen der Ware, die einer hat, und der anderen, die er dafür will, *ist* das Maß, in dem ihm die gewollte Ware zur Verfügung steht, also das Maß ihrer Seltenheit"; und einen anderen Inhalt hat Walras' „rareté" überhaupt nicht. Auf dieselbe Trivialität reduziert sich das grenznutzentheoretische Brimborium der Mitbegründer der modernen Mikroökonomie: Allemal existiert die postulierte Nutzenabwägung gar nicht anders als in den Preislisten, wie bereits Jevons verraten hat. Der sachliche Gehalt der mikroökonomischen „Preisformel" besteht also in der „Entdeckung", daß das Verhältnis, in dem der Käufer sich durch Hergabe eigener Ware die gewünschte beschafft — also die „Seltenheit" beider Waren für sich „ausgleicht" —, mit dem Preis der gekauften Ware zusammenfällt. Falsch ist hier nur eins: die Vorstellung, es handelte sich dabei um die *Bestimmung* einer Größe durch eine andere. Es handelt sich um eine *Tautologie*, die überhaupt nichts bestimmt, sondern nur Walras' triviale „Definition" wiederholt:

„Die Preise oder Tauschwertrelationen sind gleich den umgekehrten Verhältnissen der ausgetauschten Warenmengen." (ders., S. 49)

b)

Die Grenznutzentheorie, der unerschöpfliche Jungbrunnen der modernen Mikroökonomie, ist *ohne jeden theoretischen Gehalt;* sie hat noch nicht einmal einen falschen, sondern produziert lauter Fehler, um bei der Feststellung zu landen: Der Preis ist so hoch, wie er ist.

Was sie mit ihren theoretischen Umständlichkeiten leistet, ist der pure ideologische Schein einer unanfechtbaren Herleitung des ökonomischen Geschehens aus dem allseitigen Vorteil und gerecht berücksichtigten Materialismus aller Beteiligten. Diesen Schein hängt sie selbstverständlich auch der ökonomischen „Größe" an, die in der klassischen Politökonomie eine so unangenehm wichtige Rolle gespielt hatte und um deren antitheoretische „Demontage" es gegangen war. *Die Arbeit* ist theoretisch dadurch vollkommen miterledigt, daß sie wie ein weggegebenes Gut verrechnet wird: als subjektiver Un-Nutzen, der genauso wie und in demselben Umfang wie eine getauschte Ware Gegenstände der privaten Wertschätzung verschafft:

„Arbeit war der erste Preis, das ursprüngliche Kaufgeld, welches für alle Dinge bezahlt wurde." (JEVONS, S. 158)

Damit fällt sie natürlich automatisch unter den apologetischen Grenznutzenschwachsinn, wonach die unüberbietbare Nützlichkeit der Arbeitsmühen für den, der sie leistet, schon allein dadurch unwiderleglich bewiesen ist, daß er sie leistet:

„... es folgt denn hieraus, daß wir durch Arbeit die Summe unseres Lebensgenusses so lange zu erhöhen im Stande sind, als der Genuß des durch Arbeit Geschaffenen höher zu schätzen ist als die durch die Arbeit verursachte Beschwerde." (GOSSEN, S. 38)

Und wie stellen „wir" diese Einschätzung an? Wie vergleicht man Arbeit und Produkt? Wie gehabt: Dadurch, daß man sich für die Arbeit oder gegen das Produkt *entscheidet*, hat man verglichen — per definitionem. Jede tatsächliche Arbeit, weil man sich für die entschieden hat, liefert nicht einfach ihr Produkt und dessen Nutzen, sondern *mehr Nutzen,* als sie an Unnutzen kostet. Diese unglaublich vorteilhafte Ungleichung wird bis zum Grenznutzen des Produkts und den Grenzbeschwerden der Arbeit fortgesetzt — ebenfalls per definitionem:

„Um ein Größtes von Lebensgenuß zu erhalten, hat der Mensch seine Zeit und Kraft auf die Bereitung der verschiedenen Genüsse so zu verteilen, daß der Wert des letzten bei jedem Genuß geschaffenen Atoms der Größe der Beschwerde gleich kommt, die es ihm verursachen würde, wenn er dieses Atom in dem letzten Moment der Kraftentwicklung schaffte." (ders., S. 45)

Umgekehrt bekommt der grenznutzlerische Materialismus, der sich in der Marktwirtschaft die Außenwelt zu seiner psychischen Innenwelt geschaffen haben soll, seinerseits den genauso pur ideologischen Schein angehängt, seine Befriedigung erfolgte eben nach mathematisch eindeutigen, festen und unumstößlichen *Gesetzen;* der genießerischen Freiheit des kalkulierenden Subjekts wird *Berechenbarkeit* zugesprochen.

Mit dieser doppelten Lüge, daß ihre Preislisten und alles, was daraus folgt, erstens *nützlich* und zweitens um ihrer Nützlichkeit willen unumstößlich *notwendig* wären: Damit kann sich die „Marktwirtschaft" doch sehen lassen. Und so eine schöne Ideologie *mußte* ganz einfach Karriere machen.

III. Die moderne Mikroökonomie
Der Nutzen als methodisches Problem; oder:
Von der subjektiven Wertlehre zu einer
„Theorie des Komsumverhaltens"

1. Modern gegen alt: Die Befreiung der alten „Haushaltstheorie" von ihren „Problemen"

Die „klassische" Nutzentheorie betrachtet die im Warentausch praktizierte Gleichsetzung der unterschiedlichen Warenkörper und des „Tauschmittels" Geld als Folge einer identischen *Bewertung* durch das Subjekt, so daß eine *objektive* Qualität, aufgrund deren verschiedene Güterquanta als Maß füreinander fungieren, geleugnet wird. Im Terminus der „subjektiven Wertlehre" ist der Widerspruch dieser Theorie zusammengefaßt: Das, was die ökonomische Wissenschaft unter der Bezeichnung „Wert" zu erklären hat, faßt sie als nicht existent auf und verlegt die ökonomische Qualität, ohne die keine Gleichheit zwischen Warenquanta zustandekäme, in die subjektive Bedürftigkeit. Das *quantitative* Verhältnis, das im Tausch zwischen Ware und Geld stets vorliegt, gerät dieser Theorie daher zu einem exquisiten „Problem" ihrer Fortentwicklung. Den kritischen Geistern in den Reihen moderner Nationalökonomen, die mit der Frage

„Wie ist die ganz verschiedene und wechselnde Bedeutung, welche die Konsumenten den Waren beimessen, zu quantifizieren?" (W. HOFMANN)

die *Unmöglichkeit* einer plausiblen Messung jener „Beimessung" demonstrieren möchten, sind moderne Theoretiker weit voraus. Der alte Einfall abstrakter „Nutzenatome" wird von ihnen längst nicht mehr verteidigt — aber nicht deswegen, weil sie die Auflösung des Werts in die „Bedeutung, welche die Konsumenten den Waren beimessen", für Quatsch halten. Wissenschaft ist heute kritisch, auch gegen sich selbst, und befindet das Ergebnis der Fehlschlüsse ihrer Vorläufer nicht für verkehrt, sondern für — *zu einfach:*

„Auch liegt es nahe, den Begriff des Nutzens mit Begriffen wie Wohlergehen, Glück, Zufriedenheit in Verbindung zu bringen und dementsprechend die Annahme der Nutzenmaximierung als eine recht simple psychologische Hypothese zu interpretieren. Nichts von alledem ist gemeint..." — allerdings: *„In der älteren Haushaltstheorie ist man in der Tat von der Vorstellung ausgegangen, daß das Handeln der Menschen durch das Streben nach einem Maximum an Nutzen motiviert sei, wobei unter Nutzen ein psychischer Zustand, nämlich der Zustand erreichter Bedürfnisbefriedigung zu verstehen ist."* Und dagegen *„wollen wir"* „*auf zwei Probleme dieser Verhaltenshypothese hinweisen: Sie setzt erstens voraus, daß wir uns den Nutzen als eine eindimensionale Größe denken müssen, denn nur dann kann man sinnvollerweise davon sprechen, daß der Haushalt nach einem* Maximum *an Bedürfnisbefriedigung strebt"* — wo liegt hier, bitte sehr, ein „Problem"? Ein „alter" Haushaltstheoretiker hat eben *den* Nutzen als die Wahrheit der verschieden dimensionierten Bedürfnisse nachweisen wollen — und das ist ein Fehler, aber nie und nimmer eine Frage vernachlässigter „Dimensionen" des „Nutzens"! *„Sie setzt zweitens voraus, daß der Haushalt über vollständige und korrekte Informationen darüber verfügt, welche Güter in welchem Ausmaß zur Befriedigung seiner Bedürfnisse beitragen"* — als würde es irgendeinem klassischen Nutzinger ein „Problem" bereiten, zuzugestehen, daß seine erfundenen Nutzenmaximierer sich beständig irren! (BÖVENTER/JOHN), *„Selbst wenn es gelänge, die Nutzenintensität des Individuums zu bestimmen"* — ein moderner Ökonom ist ja gar nicht so und läßt im Konjunktiv über jeden Blödsinn mit sich verhandeln! —, *„bliebe immer noch das Problem des interpersonellen Nutzenvergleichs bestehen. Die individuellen Nutzengrößen müßten auf einen Nenner gebracht werden"* (WOLL) — als wäre das noch ein Problem, wenn man erst einmal am Individuum das Nutzenquant isoliert hätte!

Das ist schon eine seltsame Kritik: den Vorfahren im eigenen Fach Schwierigkeiten in der *Durchführung* ihrer Nutzentheorie vorzurechnen, noch dazu solche, für deren Umgehung oder Bewältigung diese keine noch so absurde Hilfs-„Hypothese" schuldig geblieben sind. Mit der Zurückweisung des klassischen nutzentheoretischen Fehlers hat es dessen moderne Problematisierung jedenfalls nicht. Das Insistieren auf den „unlösbaren Fragen der alten Mikroökonomie" taugt nur zu einem — und *kann* auch bloß dazu taugen —: So kündigt die neue Lehre sich selber an als eine Alternative, die die angeblichen oder wirklichen Schwierigkeiten bei der *Durchführung* des herkömmlichen Fehlers von vornherein zu umgehen erlaubt. Eine Nutzentheorie des Haushalts ohne den „Begriff des Nutzens": dieses absurde Ziel ist das erklärte Programm der erneuerten Disziplin. Prominente Fachvertreter bringen Unsinnssätze folgenden Kalibers zustande:

„Anstelle des Versuchs, den Nutzen in absoluten Einheiten zu messen, wird gefragt, ob ein bestimmtes Nutzenniveau höher oder niedriger als ein anderes ist, wobei das absolute Maß verschiedener Nutzenniveaus offenbleibt." (WOLL)

Derselbe Herr, dem es kurz zuvor noch nicht gelingen wollte, die „Nutzenintensität" zu bestimmen und für einen „interpersonellen Nutzenvergleich" einen gemeinsamen „Nenner" zu entdecken, findet nun diese Schwierigkeit behoben, indem er einen *quantitativen Vergleich* (höher/niedriger) *ohne gemeinsames Maß* fordert.*) Nach dem Motto: Das muß sich doch machen lassen! (Im Vertrauen: Es geht nicht.)

„... vor Augen führen, wie wir den Begriff des Nutzens eingeführt haben: Wir haben nicht gesagt, daß der Konsument Güterbündel x gegenüber Güterbündel x' vorzieht, weil x für den Haushalt einen größeren Nutzen hat als x', sondern umgekehrt: weil der Haushalt x gegenüber x' vorzieht, ordnen wir x eine größere Zahl zu als x' und die zugeordneten Zahlen bezeichnen wir als den Nutzen der Güterbündel" — weshalb eigentlich solche terminologische Irreführung? aus Pietät gegenüber den Vorvätern? *„Die Annahme der Nutzenmaximierung impliziert daher überhaupt nicht die Vorstellung, daß der Konsument sich für ein bestimmtes Güterbündel deshalb entscheidet, weil er mit der Wahl dieses Güterbündels irgend etwas (!!) maximiert."* (BÖVENTER/JOHN)

Das ist wirklich eine reife wissenschaftliche Leistung. Ganz en passant vergegenwärtigt sich ein moderner Ökonom den Fehler der subjektiven Wertlehre, aber nur, um ihn zu entschuldigen und ihn durch einen terminologischen Kunstgriff, durch eine *zugeordnete* Zahl zu ersetzen; diese versieht man sinnigerweise mit dem längst anderweitig vergebenen *Namen* „Nutzen", ohne daß mit ihm die *Vorstellung* vom Nutzen noch etwas zu schaffen hat. Weil sich aus der *„simplen* psychologischen Hypothese" von einst einerseits eine Kritik herleitet, die andererseits auf ein *kompliziertes* Problem deutet —

---

*) Daß WOLL hier von der Entbehrlichkeit eines *„absoluten* Maßes" redet, würde unter die Rubrik „arglistige Täuschung" fallen, wäre diese Argumentationsweise nicht längst fester Bestandteil bürgerlichen Denkens. Statt über die Kommensurabilität des Nutzens verschiedener Güter Auskunft zu geben, die WOLL mit seinem Gerede von verschieden hohen „Nutzenniveaus" unterstellt, dispensiert er sich von dieser Aufgabe mit dem Hinweis, ein „absolutes Maß" wäre dafür nicht vonnöten. Na gut: welches *„relative"* Maß hat er denn angewendet?

„Hauptansatzpunkt einer Kritik der Grenznutzen-Analyse ist das Problem der Nutzenmessung." (WOLL) —,

bekennt sich die heutige Wissenschaft zur „Schwierigkeit" —

„Zum Messen braucht man jedoch eine Maßeinheit, die bisher nicht gefunden werden konnte und sich voraussichtlich schwer finden läßt." (ders.) —

und verspricht Abhilfe. An der *Quantifizierung* des Nutzens fällt ihr auf, daß die Auflösung des Werts in Nutzen immer noch mit dem Odium behaftet ist, eine *Qualität* des praktischen Vergleichs verschiedener Waren zu behaupten, welche die Grundlage für die Messung abzugeben hätte. Also lautet der Beschluß, die Vorstellung jedweden Inhalts aufzugeben, den die Ersetzung einer Anzahl Waren durch eine Anzahl anderer Waren ständig als deren Gemeinsamkeit belegt. Allerdings wird damit die Zielsetzung der traditionellen Nutzenlehre nicht verworfen, sondern *methodisch rein* beibehalten: Daß den Subjekten des Austauschs die sieben Exemplare der einen Warengattung *lieber* sind als die zwölf der anderen, soll nach wie vor gelten — nur ohne die belastende Vorstellung von „irgend etwas", was da „maximiert" würde! Denn dies wirft ja die leidige Frage nach der *Maßeinheit* doch wieder auf, so daß die Wissenschaft in ihrem eigenen Interesse Abstand davon zu nehmen hat, sich dieser *Frage* und der in ihr vernommenen *Kritik* zu stellen. Für die eine „Gütermenge" wird sich *entschieden*, sooft *getauscht* wird: so ist man die Erinnerung an den Gegenstand, den Ausgangspunkt der theoretischen Bemühungen endgültig los und erklärt die Suche nach der Maßeinheit für überflüssig!

2. Die Übersetzung des ökonomischen Sachverhalts in eine absurde Problemstellung: Kauf als Entscheidung

Es klingt wie eine Selbstironie, wenn die Mikroökonomie gesteht, wieso sie sich zu einer Revision bisher üblicher Theoreme entschließt:

„Aus dieser Fragestellung entstand die Indifferenzkurven-Konzeption." (WOLL)

Aber mittlerweile vollzieht man Korrekturen nicht mehr mit Argumenten bezüglich der Sache, von der die Theorie handelt. Wer sich mit einer „Schwierigkeit" bei der zunächst einmal angestrebten Findung eines „kardinalen Nutzenmaßes" konfrontiert sieht, geht dieser Schwierigkeit eben aus dem Weg, indem er seine „Konzeption" ändert. Der störende Widerspruch wird *methodisch* bereinigt, indem der Wissenschaftler zu einem anderen *Modell* übergeht, das für ihn irgendwelche Vorteile verspricht bei seinem Versuch, sich ein Bild von der Wirtschaft zurechtzulegen*), so daß der kleine Mangel der neuen Konzeption —

„Indifferenzkurven lassen sich empirisch nicht nachweisen." (WOLL) —

nicht mehr ins Gewicht fällt.

Heutzutage *schaffen* sich die Lehrbücher der Mikroökonomie*) ihre Gegenstände. Das geht scheinbar ganz harmlos an:

„In diesem Kapitel beschäftigen wir uns mit ... einem Teil der wirtschaftlichen Entscheidungen des Haushalts." (BÖVENTER/JOHN)

Einstweilen darf man hier also noch an die wirklich existierenden Haushalte der bundesdeutschen Menschheit denken — dem Mißverständnis allerdings, die „Beschäftigung" mit deren „wirtschaftlichen Entscheidungen" wolle die ökonomischen Tatbestände untersuchen, *mit denen* ein solcher Haushalt notwendigerweise zu tun bekommt, widerfährt sogleich eine entschiedene Korrektur:

„Der Haushalt ist ein Wirtschaftssubjekt, das Bedürfnisse hat, die es durch den Konsum von Gütern befriedigen kann. Die Güter muß er auf den Gütermärkten nachfragen und dafür einen Preis entrichten. Der Erwerb von Konsumgütern setzt also voraus, daß der Haushalt über finanzielle Mittel verfügt; da diese nicht unbegrenzt sind, ist der Haushalt auch in Hinblick auf seine Möglichkeiten, Güter zu erwerben und zu konsumieren, Beschränkungen unterworfen" — zwar ergeben sich „Konsumbeschränkungen" keineswegs daraus, daß das Einkommen „nicht un-", sondern für die

---

*) Diese Verfahrensweise hat in den Wirtschaftswissenschaften sogar schon einen Jargon der methodischen Selbstreflexion hervorgebracht: „Der erste Schritt beim Aufbau des Modells ist es zweckmäßigerweise zu präzisieren..." — so geht es keineswegs bloß bei BÖVENTER in diesem Fach beständig zu.

*) Böventer/München bzw. Schneider/Zürich bzw. Schumann/Münster bzw. Gahlen/Augsburg bzw. Henrichsmeyer/Bonn bzw. Fehl-Oberender/ Marburg bzw. Helmstädter/Mannheim ..., schreiben alle genau dasselbe, „nutzen" aber ihre Zuständigkeit für die Ausbildung an den jeweiligen Hochschulorten ganz ökonomisch für den garantierten Absatz ihrer Lehrbücher.

Masse der Haushalte sehr eng begrenzt ist; doch davon abgesehen möchte man diese scheinbare Elementarkunde in Alltagsleben an einer Stätte der Gelehrsamkeit noch hingehen lassen. Doch was folgt daraus? *„Das zentrale Entscheidungsproblem des Haushalts besteht somit darin, zu bestimmen, welche Güter er in welchen Mengen zu Konsumzwecken nachfragen will."* (dies.)

Das Mitgefühl des Mikroökonomen in Ehren; bloß: will er sich wirklich den Kopf der leidgeprüften Hausfrau, die den Familienbedarf nach Maßgabe schmalen Haushaltsgeldes durchkalkuliert, noch einmal zerbrechen? Warum präsentiert sich die *Wissenschaft* vom Einkaufen mit der *„praktischen"* Überlegung, *was* denn wohl und *wie viel* davon Schulzes, Meiers und Hubers einkaufen? Nicht etwa, um im nächsten Supermarkt einen vorbildlich sparsamen Einkauf zu absolvieren, sondern um dem gesunden Menschenverstand *das* Thema nahezubringen, das die Mikroökonomie besprechen will, wenn sie vom Tausch handelt. Es geht um das „zentrale Entscheidungsproblem des Haushalts", dessen Lösungskriterien diese Wissenschaft explizit nennt, um sich von ihrer Behandlung zu verabschieden. Der Nutzen und seine sparsame Maximierung gehören — wegen ihrer subjektiven Unwägbarkeiten — nicht in eine Haushaltstheorie:

„Die Entscheidung darüber hängt bei gegebenen finanziellen Mitteln zum einen von seinen Bedürfnissen ab, zum andern aber auch davon, welches Urteil der Haushalt sich darüber gebildet hat, ob und wie gut die einzelnen Konsumgüter dazu geeignet sind, seine Bedürfnisse zu befriedigen. Wir werden nicht untersuchen, worin diese Bedürfnisse bestehen und wie sie zustande kommen; wir werden auch nicht der Frage nachgehen, wie der Haushalt die Informationen gewinnt und verarbeitet, auf die er sich bei der Beurteilung der Güter stützt." (dies.)

Ja was denn nun? Man soll sich mit dem „zentralen Entscheidungsproblem des Haushalts" beschäftigen, aber nicht mit dem, wovon seine Lösung abhängt (die „finanziellen Mittel" sind ja ohnehin, die Preise stillschweigend als „gegeben" unterstellt!)? Man soll sich dafür interessieren, *wieviel* von *welchen* Gütern der Haushalt nachfragt, aber nicht dafür, was er überhaupt will und was er von den Angeboten hält — ganz zu schweigen von Preisen und Einkünften?

Wie stets in der modernen VWL sieht sich der Leser, der den vorgetragenen Gedanken nachzudenken versucht, einwandfrei verarscht — der gelehrte Ökonom indes hat seinen ersten „Mo-

dell"-Gegenstand gewonnen. Genau das *will* er „analysieren":
Die Entscheidung des Haushalts über „wieviel wovon", ohne zu
wissen und auch nur wissen zu wollen, „wieviel wovon" er will.
Was bleibt da übrig? Für einen noch unverbildeten Verstand:
genau so viel wie bei *des Kaisers neuen Kleidern.* Für einen Gelehrten von Fach — na klar: *die Entscheidung.*
Dieser Übergang verdient eine nähere Würdigung.
Seine Grundlage und sein Vorbild hat er in dem prinzipiellen
Fehler der alten „subjektiven Wertlehre", die Bestimmtheit ökonomischer Tatbestände ganz in den Umgang der Menschen *mit*
ihnen zu legen; so als fiele die ökonomische Eigentümlichkeit
des Kaufakts zusammen mit dem Wunsch des Käufers nach dem
gekauften Gut, der Begriff des Geldes mit dem Interesse an seinem Besitz, die Existenz von Preisen mit der Tatsache, daß sie
verlangt und gezahlt werden usw. An diesem Fehler stört — wie
schon demonstriert — einen modernen Nachfolger, daß mit
„Wunsch", „Interesse", „Nutzen" und dergl. noch immer angebliche bestimmte gegenständliche Inhalte als Prinzipien der
Ökonomie angegeben sind: Zwar hat man es nicht mehr mit
Geld, Preisen und dem Warencharakter von Gütern zu tun, dafür aber mit „Nutzenatomen", die ganz objektiv sein wollen.
Von der anderen Seite her gesagt: Bereits die alte Mikroökonomie hat die wissenschaftliche Frage „Was ist ein Preis?" erfolgreich in die lapidare Auskunft verdreht: „Wieviel man für ein
Gut bezahlen muß!", die Frage „Was ist Geld?" in die entwaff-
nende Dummheit „Wieviel man dafür kaufen kann!", die Frage
„Was ist das Kaufen?" in das total unwissenschaftliche „Problem": „wieviel wovon?" Kurzum: Die Untersuchung der ökonomischen Formbestimmungen des gesellschaftlichen Reichtums abzuschmettern, indem sie wie in einem Vexierspiel verkehrt wird in die müßige Frage nach den quantitativen Proportionen, in denen Geld gegen Ware und Ware gegen Geld die Hände wechselt, das ist der alte, traditionsreiche Schwindel der
Mikroökonomie — mit ihm ist sie überhaupt angetreten. Allerdings bezieht die alte Schule sich für ihre Erörterung der quantitativen Verhältnisse, die die Nachfrage steuern sollen, immer
noch auf das fiktive *qualitative* Verhältnis des „erstrebten Nutzens"; und *darin* befinden die Modernen sie für rückständig. Sie
wollen da radikaler sein. Sie wollen die Analyse des „Nachfrage-

verhaltens" auf der Grundlage der absurden Abstraktion voranbringen, *daß* die Haushalte, indem sie mit den ihnen gesetzten ökonomischen Tatbeständen umgehen, immerzu ein *Entscheidungsproblem* bezüglich Geld und Warenwelt bewältigen müßten — unter konsequenter Absehung von der Eigenart der ökonomischen Sachverhalte, mit denen sie tatsächlich umgehen (die sind ja als gegeben vorausgesetzt!), wie auch sogar noch von der Fiktion eines „Nutzens überhaupt" als Inhalt und Prinzip ihrer „Entscheidungen". Dem total begriffslosen „Problem": „wieviel wovon?", ganz ohne Umweg über den Schein, damit wäre man solchen „Einrichtungen" wie Geld und Preis auf den Grund gekommen, will die modernisierte Haushaltstheorie eine *Gesetzmäßigkeit* der Konsumtion abgewinnen. Und insofern macht sie nur kompromißlos Ernst mit dem alten idealistischen Vorhaben der VWL, aus der praktischen Stellung der Leute zum Markt die so außerordentlich brauchbaren Gesetze des *Inhalts* und der *Gegenstände* dieser Tätigkeit herauszudestillieren — auch *gegen* die *falschen* Inhalte, die die Erfinder des Faches noch der ökonomischen Tätigkeit zugeschrieben hatten.

Die Logik dieser Disziplin steht damit fest: Die sorgfältig von jedem — auch falschen — Inhalt gereinigte Abstraktion „Es wird über Art und Menge von Gütern entschieden" fungiert als der erste, grundlegende Inhalt der Theorie; aus ihr, so lautet das Programm, sind „Gesetze" über Art und Menge der nachgefragten Güter abzuleiten — eine Jungfrauengeburt ist nichts gegen dieses Vorhaben, die „Tatsache", *daß* „Entscheidung" stattfindet, zum Generator für Gesetze des quantitativen *Ergebnisses* der „Entscheidung" zu machen! —; ökonomische Tatbestände wie Geld, Preis usw. haben die Chance, an passender Stelle als Randbedingung, Modifikation oder Präzisierung der entdeckten „Gesetze" des Nachfrageverhaltens in Betracht gezogen zu werden. Und *insofern* ist die moderne Haushaltstheorie doch noch immer, so sehr sie das auch von sich weist, eine Theorie der ökonomischen Gegenstände Ware, Preis, Geld und Kauf/Verkauf — und zwar eine grundverkehrte. Denn die eine Auskunft ist über alle diese Gegenstände ja schon gegeben: daß ihr ökonomischer Begriff darin liegen würde, nicht mehr und nicht weniger zu sein als gewisse einfach hinzunehmende Randbedingungen für den eigentlichen Gegenstand der Theorie und damit für

82

den ökonomischen Sachverhalt schlechthin: die inhaltsleer für sich genommene „Entscheidungsproblematik". Die „Erkenntnisse" der modernen Mikroökonomie über den modernen Verbraucher, das steht damit schon fest, bestehen konsequenterweise einerseits in der suggestiven Berufung auf lauter Trivialitäten: sie hat sich ja von vornherein dem Anspruch enthoben, das Kaufen zu *erklären,* und stattdessen die Freiheit verschafft, die bloße begriffslose Erinnerung an die ökonomischen Eigentümlichkeiten dieses Vorgangs als die gewichtige wissenschaftliche Erkundung des „Nachfrageverhaltens" unter gewissen Bedingungen auszugeben; deswegen sind VWL-Lehrbücher und -Vorlesungen samt und sonders so *kindisch.* Andererseits geschieht die Berufung auf Trivialitäten stets in einer ganz absonderlichen Beweisabsicht: mit ihnen wird der ominöse Hauptgegenstand „Entscheidungsproblembewältigung" aufgebaut, bebildert und den daraus herausgedrechselten angeblichen Gesetzmäßigkeiten der Schein alltäglichster Selbstverständlichkeit verliehen; *deswegen* sind die Kindereien der VWL allesamt so *verfremdet.* Denn genau darin und in sonst nichts: in der Verfremdung des alltäglich Bekannten zu einem Faktor in einer ganz und gar fiktiven Gesetzmäßigkeit, liegt die ganze wissenschaftliche Leistung dieser Disziplin.
Doch zurück zum Ausgangspunkt: dem „Entscheidungsproblem des Haushalts". *Was* macht die Mikroökonomie aus diesem ganz selbsterfundenen abstrakten „Gegenstand", und *wie* kriegt sie das hin?

3. Von der „Entscheidung" zur „Nachfragefunktion":
   Die zielstrebige Konstruktion eines Scheins von Gesetzmäßigkeit unter Mißbrauch der Mathematik

Wie kommt die Mikroökonomie von ihrem Ausgangspunkt — der Idee eines Entscheidungsproblems der Haushalte *ohne* den *Inhalt,* den der Konflikt zwischen Konsumwunsch auf der einen, Einkommen und Preisen auf der anderen Seite für jeden Haushalt tatsächlich hat — voran zu einer Haushaltstheorie?

a)

„Der erste Schritt beim Aufbau des Modells ist es zweckmäßigerweise zu präzisieren, welche Wahlmöglichkeiten dem Subjekt überhaupt offenstehen." (BÖVENTER/JOHN)

Die Redeweise „präzisieren, welche Wahlmöglichkeiten..." einmal beim Wort genommen, hätte der Ökonom sich mit dem „ersten Schritt" seiner Theorie zu einer aktuellen Warenkunde entschlossen. Sollte er in der Tat gemerkt haben, daß so etwas wie die Ermittlung der gesellschaftlich erreichten Produktvielfalt das einzige leidlich Vernünftige ist, was sich mit seiner Aufforderung, das „zentrale Entscheidungsproblem des Haushalts" zu begutachten, allenfalls anfangen läßt? Natürlich nicht: was sollte denn eine Generalinventur des westdeutschen Güterangebots für den „Aufbau des Modells" leisten? Das „präzisieren, welche Wahlmöglichkeiten..." ist anders gemeint, nämlich als das Aller*un*präziseste, was einem Forscher zum Thema „Kaufen" überhaupt einfallen kann:

„Nehmen wir an, es gebe in der Volkswirtschaft n (das ist Präzision!) *verschiedene Konsumgüter, die der Haushalt in seine Konsumüberlegungen einbezieht. Der Haushalt stellt zu Beginn der betrachteten Periode einen Konsumplan auf; in einem solchen Konsumplan legt der Haushalt fest, welche der n Güter er in welchen Mengen während dieser Periode verbrauchen will."* (dies.)

Das klingt noch sehr trivial und, soweit trivial, noch recht „praxisnah": wie eine reichlich gespreizte Auskunft über den Umstand, daß der Mensch sich vor größeren Einkäufen eine Liste zu machen pflegt. Die Mikroökonomie will an dieser Stelle allerdings schon auf etwas ganz anderes als solche Trivialitäten hinaus, nämlich auf ihr *Modell;* und dessen sehr wenig rationale Prinzipien führt sie unter dem Anschein des Alltäglichen ein. Der beabsichtigte Übergang wird in der folgenden Überlegung kenntlich, die — deswegen? — ganz ausdrücklich und nachdrücklich ihre Unscheinbarkeit betont:

Einmal festgelegt, „in welchen Mengeneinheiten die Güter gemessen und in welcher Reihenfolge sie ... aufgeführt werden sollen", „dann kann jeder Konsumplan durch eine geordnete Menge von Zahlen — durch einen Vektor — dargestellt werden. ... Illustration ... : Eier seien Gut 1, gemessen in Stück, Brot sei Gut 2, gemessen in Kilogramm, und Wein sei Gut 3, gemessen in Litern. Dann können die beiden Konsumpläne einfach (?) durch die Vektoren

$$\{\,3\,,\,1\,,\,2\,\}\ und\ \ \{\,0\,,\,4\,,\,1/2\,\}$$

beschrieben werden. Beachten Sie, daß man bei der Verwendung der Vektorschreibweise für Güter, die nicht in einem Konsumplan enthalten sind, die Mengenangabe ,0' einsetzen muß, da man sonst nicht feststellen könnte, welche Güter in dem betreffenden Konsumplan überhaupt enthalten sind." (dies.)

Also von wegen „einfach" und „übersichtlich": *so* würde sich nicht einmal ein im praktischen Leben noch halbwegs zurechnungsfähiger Mikroökonom seine „Haushaltsliste" notieren. Eingeschmuggelt sind damit allerdings zwei — für den „Aufbau des Modells" unentbehrliche — Trugschlüsse: Erstens soll man sich denken, daß der Konsument sich mit jedem seiner Wünsche in ein Verhältnis zu *sämtlichen* überhaupt erhältlichen Gütern setzt, so als hätte er nicht bloß Wünsche notiert, sondern den gesamten Rest des gesellschaftlichen „Warenkorbs" für uninteressant — „0" — erklärt. Zweitens soll man sich vorstellen, daß das Verhältnis der Auswahl, in das der Haushalt zur Welt der käuflichen Güter tritt, stets und von vornherein ein in jeder Position quantitativ bestimmtes ist — und das ist auf der „Stufe" der „Modellbildung", auf der die Mikroökonomie sich hier befindet, alles andere als selbstverständlich. *Das Geld* — in seiner doppelten Funktion als beschränkte Summe in der Hand des Käufers und als Preis der gewünschten Waren, also — als *Schranke* für die Konsumwünsche des Haushalts soll man hier noch gar nicht in Betracht gezogen haben; die quantitative Bestimmtheit der einzelnen Wünsche hat man sich bislang also vorzustellen wie nach Maßgabe eines Kuchenrezepts, das für die diversen Ingredienzien ein exaktes Maß vorgibt. Bloß: was fürs Kuchenbacken selbstverständlich, ist für die Stellung des Konsumenten zur Gesamtheit der Güter alles andere als plausibel — zumal wenn in gedachter „Haushaltsliste", geschrieben als Vektor, an ca. 99,9 % der Positionen immerzu die „Mengenangabe 0" auftauchen müßte. Die Vorstellung, daß in einem Konsumplan bestimmte, von sich her quantitativ beschränkte einzelne Bedürfnisse sich ausdrücken — eine für das Verhältnis zwischen Eiern, Brot und Wein noch durchaus einleuchtende Vorstellung, die die Mikroökonomie im Fortschritt ihrer Modellkonstruktion allerdings ausdrücklich verwirft; dazu später! —, wird hier unter der Hand in Anspruch genommen für die Lüge, schon die durch Preis und Einkommen noch gar nicht eingeschränkte „Konsumplanung des Haushalts" bestände darin, in genauen quantitativen Proportionen das Interesse an sämtlichen für den Konsum in Frage kommenden Gütern festzulegen. Die Redeweise vom nachgefragten „Güterbündel" will die Wahrheit, daß ein Konsument manche Güter nur in bestimmten Quantitäten gebrauchen und sich von der gesamten Warenwelt nur einen geringfügigen Ausschnitt *leisten* kann, ausnutzen für das mikroökonomische Dogma Nr. 1, jene fiktive „Haushaltsliste", die erst einige Kapitelchen später an der „Budgetgeraden" ihre Schranke finden soll, wäre von Anfang an zu bestimmen als eine quantitativ exakt definierte Stelle im „Güterraum":

„Verallgemeinern wir unsere bisherigen Überlegungen für den Fall von n Gütern. Jeder Konsumplan kann nach Festlegung der Reihenfolge und der Mengeneinheiten der Güter durch einen Vektor

$$x = \left\{ x_1, x_2 .... x_n \right\}$$

dargestellt werden..." (dies.)

Allen Ernstes will die Ökonomie in ihrer ersten, verkehrten Spekulation über das „Entscheidungsproblem des Haushalts" gewürdigt werden als Mathematik des n-dimensionalen „Güterraums" (den sie freundlicherweise zwecks geometrischer Anschaulichkeit für die Bedürfnisse des Modells erst einmal auf zwei Dimensionen reduziert). Fragt sich nur: was soll das?

b)
Fragt man den Ökonomen, so will er mit seinem Gedanken des „Güterbündels" noch überhaupt nichts Großes behauptet haben. Worauf es ihm dabei einzig ankommt, ist die Möglichkeit, seine eigene Konstruktion im nächsten Schritt auf den Kopf zu stellen:

„Im vorigen Abschnitt haben wir gezeigt, daß jeder Konsumplan durch einen Vektor $x = \left\{ x_1, x_2 ... x_n \right\}$ *beschrieben werden kann. In Umkehrung der Betrachtungsweise (!) ist nun zu (!) fragen, welche der Vektoren oder Punkte im Güterraum zu den Alternativen gezählt werden sollen, zwischen denen der Haushalt bei seiner Konsumplanung wählen kann."* (dies.)

Die angeordnete „Umkehrung der Betrachtungsweise" ist absonderlich. Die „Wahlmöglichkeiten" des Haushalts sollen doch bislang darin bestanden und dazu geführt haben, sich ganz nach besonderer Vorliebe ein „Güterbündel" zu *schnüren* und damit einen bestimmten Punkt im n-dimensionalen Güterraum zu erklettern — noch abgesehen von der Frage, ob man sich diese Nachfrage überhaupt leisten kann. Jetzt soll durch eine ganz unverfängliche „Umkehrung" der Blickrichtung die „Wahlmöglichkeit" des Haushalts sich auf einen ganz neuen Gegenstand beziehen: auf eine Vielzahl *bereits fertig geschnürter* „Güterbündel". Ein Übergang, der wirklich exemplarisch ist für die „Logik" der gesamten VWL. Was den Gedanken voranbewegt, ist scheinbar nichts anderes als ein mit Unschuldsmiene in Vorschlag gebrachtes „Man kann es sich doch auch mal so herum vorstellen!" — und allemal transportiert der Appell an die Freiheit der Vorstellungskraft einen Trugschluß. Im vorliegenden Fall: man soll die falsche Vorstellung, der Haushalt ginge bereits mit seinem Konsumwunsch ein quantitativ und proportional bestimmtes Verhältnis zu sämtlichen Konsumgütern „seiner" Volkswirtschaft ein, gleich so ernst nehmen, daß es so aussieht, als wäre ein Konsumwunsch genaugenommen eine Entscheidung zwischen vielen, alternativ proportionierten und dimensionierten Konsumwünschen.

Und weshalb soll man das eigentlich?

Die Frage: „welche der Vektoren ... zu den Alternativen gezählt werden sollen, zwischen denen der Haushalt ... wählen kann", verrät bereits den Zweck der Veranstaltung: Die bislang fehlerhaft ausgeklammerte Beschränkung der Konsumwünsche durch Einkommen und Preis soll in die mikroökonomische Modellwelt eingeführt werden als höchst lapidarer Trennungsstrich zwischen den erreichbaren und den nicht erreichbaren „Punkten im Güterraum". Der Fehler, sich den Konsumwunsch nach dem Vorbild des Kochrezepts als unabhängig vom Geld quantitativ bestimmtes Auswahlverhältnis des Haushalts zur gesamten Güterwelt vorzustellen, wird auf diese Weise nicht rückgängig gemacht, sondern sinnreich mit dem ökonomischen Tatbestand versöhnt, durch welchen er eigentlich widerlegt wäre, nämlich mit der harten Wahrheit des *Warenkaufs*, daß der Entschluß zum Erwerb eines Gutes den Ausschluß von allen übrigen impliziert. Und diesen Fehler *braucht* die Mikroökonomie; denn mit der Ausdeutung der „Haushaltsliste" zu einer Wahlfreiheit zwischen alternativen Konsumplänen, die mit den Beschränkungen durch Geld und Preis erst nachträglich Bekanntschaft macht, hat diese Wissenschaft noch einige geistige Großtaten vor.

c)
Die durch bloße „Umkehrung der Betrachtungsweise" gewonnene Vorstellung, der Wunsch nach einem „Güterbündel" sei wissenschaftlich als Auswahl aus vielen verschiedenen „Güterbündeln" zu fassen, ist nämlich nur ein dem Anschein der Trivialität des Gedankenganges gewidmeter Zwischenschritt zu der Verrücktheit, auf die es dieser Wissenschaft ankommt: Was dem Haushalt in Wahrheit zur Auswahl stände und die Grundlage für sein „Entscheidungsproblem" abgäbe, das wäre nicht nur eine Vielzahl, sondern eine dem mathematischen Bild des n-dimensionalen Raumes entsprechende *Unendlichkeit* von Wahlalternativen. Wie sehr es der Mikroökonomie auf diese Radikalisierung ihres Fehlers ankommt, macht sie mit der Bewältigung des Problems klar, das sie sich ihres Erachtens damit eingefangen hat:

„Mit Blick auf die Realität problematisch ist freilich die Annahme, daß wir alle Konsumpläne x, soweit die geplanten Verbrauchsmengen x_1, x_2 ... x_n nur nicht negative reelle Werte annehmen, als mögliche Konsumpläne betrachten. Damit wird unterstellt, daß jedes Gut stetig teilbar, also unendlich fein teilbar ist. Nun sind z.B. Eier keine teilbaren Güter, und selbst Güter, die sehr fein teilbar sind, wie z.B. Butter oder Mehl, kann man häufig nur in bestimmten Verpackungsmengen ... erwerben. ... Die Annahme stetiger Teilbarkeit von Gütern erleichtert aber die formale Behandlung vieler Probleme der ökonomischen Theorie ganz beträchtlich..." (dies.)

Man würde dem Ökonomen seine Gewissensqualen bezüglich der Teilbarkeit von Eiern ja gerne erlassen — hätte er sich nicht zu Beginn seiner Modellkonstruktion hingestellt mit der Prätention, die Entscheidungsprobleme des Haushalts zu erörtern. Wie weit er sich von diesen entfernt hat, zeigt sein Postulat der stetigen Teilbarkeit aller Güter — wobei der Witz allerdings nicht die von ihm selbst problematisierte Unmöglichkeit ist, dieses Postulat in der Praxis des Einkaufs geltend zu machen. Absurd ist der *Ursprung* dieses „Problems": daß man sich als den Gegenstand der Konsumentscheidung eines Haushalts eine Unendlichkeit von Alternativen, und zwar eine Unendlichkeit von der Gediegenheit eines mathematischen Raumes vorstellen soll. *Dies* einmal akzeptiert, ist es in der Tat albern, sich anläßlich von Eiern und Mehlpaketen der Realitätsfremdheit dieser Vorstellung zu entsinnen: *solche* Einwände hat die VWL gern. Denn vom Standpunkt des Modells aus mit dem Hinweis zu kokettieren, daß es in der Realität so modellmäßig mathematisch natürlich nicht zugeht: das ist nichts als das in dieser Wissenschaft fest eingeführte Verfahren, ihre Einfälle gegen den „gesunden Menschenverstand", den sie so oft mit „Blick" auf die Realität beansprucht, auch zu immunisieren und die verkehrten Schlußfolgerungen, auf die es ihr ankommt, *plausibel* zu machen — eben als einen in der Realität so nicht vorkommenden mathematischen Grenzfall. Das *Prinzip* dieser kokett eingeräumten Weltfremdheit ist der Aberwitz: die Ausdeutung des „Entscheidungsproblems" des Haushalts zu einem unendlichen Kontinuum von Wahlalternativen, in denen alle Konsumgüter in allen mathematisch möglichen Mengen und Mengenverhältnissen „gebündelt" vorliegen sollen.

Dabei kommt es der Mikroökonomie wiederum nicht darauf an, diese ihre Konstruktion als den wissenschaftlichen Begriff der Kaufentscheidung nachzuweisen, sondern auf die Freiheit zu weiterer Konstruktion, die sie sich damit eröffnet hat.

d)
Wenn nämlich — so geht die Haushaltstheorie weiter — der Konsumplan schon als Auswahl aus einer stetigen Unendlichkeit alternativer Konsumpläne zu sehen ist, dann kann man doch wohl auch ganz gelassen davon ausgehen, daß er das Resultat einer *Präferenzordnung* ist, die der Haushalt zwischen sämtlichen für ihn realisierbaren Alternativen getroffen hat. Erinnert man sich einen Moment an den Ausgangspunkt der ganzen Theorie zurück — da soll der Haushalt einfach aufgeschrieben haben, was er zu brauchen meint —, so ist der Gedanke einer Präferenz zwar alles andere als logisch. Denn der setzt ja bereits Vergleich und Verzicht voraus: einen Wunsch nach Gütern, der um des vorgezogenen „Güterbündels" willen aufgegeben wird. Der „Präferenz"-Gedanke wird auch dadurch nicht besser, daß man mittlerweile mit der Mikroökonomie die Preise und beschränkten Mittel des Haushalts als selbstverständliche Unter-

teilung des „Güterraums" in eine realisierbare und eine nicht realisierbare Abteilung unterstellt. Denn einer solchen Schranke sich zu beugen und auf Unerschwingliches zu verzichten, ist ja etwas ganz anderes, als einem „Güterbündel" im Vergleich mit zahllosen anderen den ersten Preis zuzuerkennen. Genau so soll man sich die „Konsumwahl" des Haushalts nun aber vorstellen: als wäre die Überlegung „Man hätte sich auch andere Güter oder dieselben in anderer Proportion aussuchen können!" nicht der mikroökonomische Kommentar zu der zuerst vorgestellten Haushalts-„Liste" gewesen, sondern die Abwägung des Haushalts selbst, *bevor* er seine Bedürfnisse aufschreibt und mit diesen *anschließend* an seine finanziellen Schranken stößt. Die Idee einer „Präferenzordnung" des Haushalts enthält somit die Behauptung, die Kalkulation des Konsumenten wäre *nicht* eine solche über die Schranken des für ihn Finanzierbaren hinaus, die sich dann diesen Schranken beugt, sondern ein von finanziellen Abwägungen unabhängiges Urteils darüber, *wie sehr* er das eine ihm erschwingliche „Güterbündel" im Vergleich zu allen anderen in Frage kommenden *mag.* Und das ist ein gegenüber den bisherigen Weisheiten der Mikroökonomie sachlich völlig neuer Gedanke. Denn nun soll man sich nicht mehr bloß vorstellen, daß der Haushalt sich mit seinen Konsumwünschen überhaupt in ein Verhältnis zur Gesamtheit der volkswirtschaftlich vorhandenen Güter setzt, sondern man soll dieses Verhältnis der Auswahl gleich so verstehen, daß die Wünsche des Haushalts nach prinzipiell sämtlichen Gütern sich — *innerhalb* der finanziellen Schranken, darin dann aber ganz von sich her, nach Maßgabe der subjektiven Vorliebe — *aneinander messen.*
Würde die moderne Mikroökonomie diesen ihren Gedanken sachlich ernst nehmen*), dann fände sie sich mit ihrer Modell-

---

*) Tatsächlich nimmt sie ihn eben nicht als wissenschaftliche Behauptung über einen existierenden ökonomischen Sachverhalt, sondern als ein ebenso notwendiges wie harmloses methodisches Postulat. Als solches ausgedrückt, heißt das Dogma von der eindeutigen Bemessung unterschiedlichster „Konsumwünsche" aneinander *„Transitivitätsannahme"* und wird eingeführt, als handelte es sich um nichts als das mathematische Gesetz einer geordneten Menge: „Wenn x $<$ x' $<$ x", dann auch x $<$ x" ... (usw.)" Und wieder einmal liegt darin der Schwindel: Wenn der mathematische Begriff der Anordnung auf die angeblichen alternativen „Konsumwünsche" des Haushalts überhaupt anwendbar sein soll, dann *sind* diese als bloß

konstruktion in einer fatalen theoretischen Situation. Denn tatsächlich unterstellt sie ja an dieser Stelle genau das, was sie ihren Vorgängern in der Geschichte der VWL als wesentlichen Mangel vorwirft: ein — wie auch immer bestimmtes, jedenfalls als praktisch wirksam gedachtes — gemeinsames Maß sämtlicher subjektiven Wünsche und Bedürfnisse, ein *Prinzip der Hierarchisierung* sämtlicher erdenklichen Konsumwünsche. Also doch die Rückkehr zu den klassischen „Nutzenatomen"?

---

quantitativ unterschiedliche Mengen von etwas qualitativ Identischem vorausgesetzt; anders könnte ein Akt der Bevorzugung, den man allenfalls noch als Resultat einer maßstabslosen Willkür deuten könnte, niemals „transitiv", also Ausgangspunkt einer eindeutigen umfassenden Hierarchie von Bevorzugung sein.
Die nachgereichte „Diskussion" der empirischen Plausibilität dieses Postulats bestätigt denn auch, wie skrupellos die modernisierte Mikroökonomie hier den verachteten „Psychologismus" ihrer Vorgänger benutzt: „Wenn jemand, auf seine Präferenzen gegenüber verschiedenen Obstsorten befragt, antwortet, er möge Orangen lieber als Äpfel, Äpfel lieber als Birnen und Birnen wiederum lieber als Orangen, so empfinden wir diese Antwort als widersprüchlich ..." (dies.). Die Gewöhnlichkeit von Geschmacksvorlieben in bezug auf sehr ähnliche Eßwaren steht hier wie selbstverständlich für die theoretische Unterstellung ein, *sämtliche* Gegenstände menschlicher Bedürfnisse wären unter dem Gesichtspunkt der subjektiven Vorliebe eindeutig und „transitiv" zu ordnen — dabei hätte schon die „Alternative" Äpfel oder Bier zur Anschauung gebracht, daß ohne den Druck finanzieller Einschränkungen sogar der Geschmackssinn nur sehr gleichartige Lebensmittel für kommensurabel erachtet, so daß er zu eindeutigen Vorlieben gelangt; und was für eine „rationale" Antwort sollte man sich erst auf die Frage erwarten, ob einer Äpfel, Fahrradfahren oder Kopfkissen lieber mag und in welcher Reihenfolge? Am Beispiel der Obstsorten *bedient* der modernisierte Mikroökonom sich hier der „klassischen" Vorstellung eines gemeinsamen Maßes aller menschlichen Bedürfnisse, um für seine „Transitivitätsannahme" den Anschein der Selbstverständlichkeit zu erzeugen, *ohne* sich zu diesem „Psychologismus" zu bekennen. Es wirkt geradezu wie ein Ablenkungsmanöver, wenn die „Problematik" dieser „Annahme" an ganz anderer Stelle entdeckt wird: seitenlang werden da Fälle durchspekuliert, in denen „Intransitivitäten in der Präferenzordnung als ganz normal" gelten könnten; dies noch dazu eingeleitet durch die Mahnung: „So erscheint es ganz natürlich, daß die Haushaltstheorie auf der Transitivitätsannahme aufbaut. Man sollte jedoch nie vorschnell urteilen ..." (dies.)
Es sind stets dieselben intellektuellen Schäbigkeiten, mit denen diese Wissenschaft ihren Fortgang bewerkstelligt: Das einzuführende mikroökonomische Dogma wird als ebenso zweckmäßiges wie einwandfreies mathematisches Postulat präsentiert und seine empirische Plausibilität durch das „Problembewußtsein" bewiesen, mit dem man „Schwierigkeiten" bewältigt, die sich allein *auf Grundlage* des fraglichen Dogmas ergeben oder konstruieren lassen!

„Zweckmäßigerweise" hat die moderne Mikroökonomie ihr gesamtes Modellgebäude so eingerichtet, daß sie sich zu dieser Implikation meint nicht bekennen zu müssen. Im Gedanken der „Präferenzordnung" benutzt sie das mathematische *Bild*, das sie mit der „Vektorschreibweise" für die Konsumwünsche des Haushalts und der Darstellung der volkswirtschaftlichen Güter als n-dimensionaler Raum eingeführt hat, so, als wäre *das Bild die Sache*. Ganz einfach weil sie eine Präferenzordnung als Unterschied von Punkten im Güterraum *darstellen* kann, fühlt sie sich der Notwendigkeit enthoben, ein inhaltliches Prinzip der Präferenzordnung zwischen Konsumwünschen anzugeben. Mit ihrer Vorstellung, es ginge doch um nicht mehr als um die Aufgabe, die verschiedenen Punkte des Güterraums überhaupt *anzuordnen* — wofür es, angefangen bei der Entfernung vom Nullpunkt, der mathematischen Möglichkeiten genug gibt —, *erschlägt* sie jede Erinnerung daran, daß sie mit all ihren so vielfältig proportionierten „Güterbündeln" ja immerhin von den *Konsumwünschen der Haushalte* zu handeln beansprucht. Diese sind aufgelöst in die unendliche stetige Gesamtheit aller Quanta und Proportionen, in denen die n Güter einer Volkswirtschaft sich überhaupt zu „Bündeln" kombinieren lassen; und demgemäß braucht die mikroökonomische Betrachtung von ihrer eigenen Idee einer „Präferenzordnung" nicht mehr als theoretisch bedeutsam in Anschlag zu bringen als die Aufgabe einer Reihung von Punkten im homogenen „Güterraum".

e)

Bis dahin ein ebenso unsinniges wie — langweiliges Ergebnis; Gott sei Dank sind die Möglichkeiten, am selbstgeschaffenen mathematischen *Bild* weiterzuspekulieren, noch längst nicht ausgeschöpft. Mit dem Gedanken einer Präferenzordnung für alle einem Haushalt erschwinglichen „Güterbündel" hat sich für den Mikroökonomen nämlich, und zwar ganz zwanglos angesichts seines Konstrukts einer stetigen Unendlichkeit quantitativ und proportional unterschiedlicher Güterkombinationen, die komplementäre Vorstellung einer ebenso gediegenen Teilmenge von „Güterbündeln" ergeben, die dem Haushalt eigentlich *genau so* lieb und wert wären wie dasjenige, für das er sich schlußendlich entschieden haben soll. Logisch ist diese Vorstellung zwar einerseits keineswegs; denn bislang sollte man ja dafürhalten, daß der Haushalt mit seinen Vorlieben ein quantitativ und proportional genau bestimmtes Verhältnis zur gesamten Warenwelt einginge — was ebendaran abzulesen sei, daß er ausgerechnet dem von ihm gewünschten „Güterbündel" den Vorzug vor sämtlichen Alternativen gebe. Andererseits ist die Vorstellung einer Indifferenz des Haushalts in Bezug auf eine Vielzahl unterschiedlich zusammengesetzter „Warenkörbe" aber bloß die folgerichtige Konsequenz des verkehrten Prinzips der quantitativen Nutzenmessung, das die Haushaltstheorie bei den alten Fachvertretern so inbrünstig ablehnt, in der Idee einer stetigen Präferenzordnung aber selber praktisch unterstellt hat: Daß der Wunsch nach einem Gut sich — unabhängig noch von allen finanziellen Restriktionen — an dem Wunsch nach einem anderen Gut *bemißt,* dieser Erzfehler der „subjektiven Wertlehre" ist hier mit der größten Selbstverständlichkeit zur Anwendung gebracht in der Denkvorschrift, zu jeder „Haushaltsliste" müsse es Alternativen geben, zwischen denen der Haushalt von seinen Vorlieben her eigentlich nicht zu wählen wüßte! Ganz wie die kritisierten Vorgänger gelangt also auch die modernisierte Mikroökonomie zu dem absurden Dogma: Wenn ein Haushalt x Liter Wein, y Stück Eier und z Kilogramm Brot wünscht, dann wünscht er sich x plus Δ x Liter Wein, y minus Δ y Stück Eier und z Kilogramm Brot *genau ebenso sehr* — also: Wein gleich Eier, und zwar im Verhältnis Δ x zu Δ y; oder: der „Individualnutzen" von Wein wird in Eiern gemessen.*)

---

*) Der Student der Ökonomie pflegt sich an dieser Stelle des wohlbekannten Umstands zu entsinnen, daß er oft genug nicht weiß, in welcher Proportion er sich Wein, Brot und Eier für seine Mittagstafel kaufen soll. Er sollte dabei aber nicht übersehen, daß seine Unentschlossenheit in einer solchen Frage nichts für das Indifferenzdogma der VWL beweist, im Gegenteil. Erstens ist ein schwankender Appetit etwas anderes als der Beleg für die quantitative Gleichheit unterschiedlicher Genüsse. Wo er sich — zweitens — vor ein „Entweder-oder" und damit vor eine praktische Gleichheit seiner ganz unterschiedlichen Wünsche gestellt sieht, so hat das einen Grund in der finanziellen Unmöglichkeit, sich beide zu erfüllen; es mißt sich also nicht ein Wunsch am anderen, sondern beide werden überhaupt erst und allein durch den finanziellen Zwang zum Verzicht in eine Beziehung zueinander *gesetzt* — eben die des „Entweder-oder".

Einen wesentlichen Unterschied gibt es allerdings schon zwischen der alten und der modernen Mikroökonomie; und der liegt in der Frechheit, mit der dieses Dogma präsentiert und ausgenutzt wird. Die Erfinder des Faches haben es als eine enorme Entdeckung behandelt und lauter Unsinn über einen jenseits aller wirklichen Bedürfnisbefriedigung liegenden, exakt quantifizierbaren „Nutzen überhaupt" erdacht, um seine unbedingte Gültigkeit nachzuweisen. Die Modernen dagegen führen exakt den gleichen Fehler wie eine mathematische Implikation ihrer Konstruktion eines stetigen „Güterraums" ein und dementieren dabei noch fortwährend, damit den diversen Bedürfnissen der Menschheit ein einheitliches quantitatives Maß unterstellt zu haben: Die Messung des *Nutzens* soll's nicht sein, die *Messung* des Nutzens aber sehr wohl! Wo ihre Vorgänger mit „Nutzenatomen" herumspekuliert haben, da kommen die Modernen gleich mit lauter mathematischen Anweisungen daher, *wie* ihr Dogma der „Indifferenz" des Haushalts in den n-dimensionalen Güterraum hinein *abzubilden* sei — und fühlen sich mit diesen Anweisungen (bei der allgemein herrschenden mathematischen Unbildung kompliziert genug, um Ehrfurcht zu wecken und weitere Erkundigungen zu ersticken) jeder Rechenschaft über den absurden *Inhalt* ihres „Indifferenz"-Gedankens enthoben.*)

*) Es ist nichts als eine faule Ausflucht, wenn moderne Mikroökonomen an dieser Stelle ihren wissenschaftlichen Fortschritt gegenüber den Alten beschwören und darauf hinweisen, sie wollten den Nutzenvergleich gar nicht in bestimmten quantitativen Einheiten bewerkstelligt sehen, sondern bloß überhaupt: „Nicht mehr um die absolute (‚kardinale') ‚Größe' eines Nutzens geht es, sondern vielmehr um den relativen (‚ordinalen') Stellenwert, den die Individuen den Gütern bestimmter Menge nach der Rangskala ihrer Präferenzen beimessen, also um das ‚Mehr', ‚Weniger' oder ‚Gleichviel' an Bedeutung, das sie einer Gütereinheit im Verhältnis zu einer anderen zuweisen." So referiert HOFMANN diesen wissenschaftlichen Fortschritt. Erstens liegt der entscheidende Schwindel nicht darin, daß die Güter sich vermittels eines „absoluten" Maßstabs, sondern daß die Bedürfnisse nach ihnen sich *überhaupt* aneinander bemessen, von sich her in eine Rangfolge hineingehören sollen — was soll denn das heißen: „Ich mag Beethovensonaten lieber als Bockwürste!"? Zweitens wird diese Bemessung unterschiedlicher Bedürfnisse aneinander spätestens dann ziemlich „absolut" und „kardinal", wenn gewisse Einheiten unterschiedlicher Güter für *gleich* wertvoll erachtet werden: von der Absurdität der Gleichung „1 Beethovensonate = 2 Bockwürste" läßt sich mit dem Rückzug auf den „bloß"

„relativen Stellenwert" nichts wegdeuteln! Moderne Mikroökonomen finden heutzutage allerdings nichts mehr dabei, die *Paradoxie* ihres Vergleichs selbst als Beweis für dessen *Stichhaltigkeit* aufzubieten. Ein Herr SCHNEIDER etwa versteht hinreichend wenig von Physik, um sie als Vorbild anzurufen: „Worin die Schwierigkeiten bei der Nutzenmessung liegen, machen wir uns am leichtesten am Beispiel der Wärmemessung klar. Es fällt uns (!) schwer (!), Wärme zu definieren." (Dann soll er doch mal ein Physikbuch zu Rate ziehen! Aber nein, er will ja auf die Üblichkeit von Paradoxien hinaus:) „Trotzdem (!) sind wir gewohnt, die Temperatur zu messen," (vielleicht weil im Falle der Wärme quantitative Differenzen keine Frage der Definition, sondern Gegenstand der Erfahrung sind? Nein, so genau will das „Beispiel" auch wieder nicht genommen sein — es soll *Eindruck* machen:) „dazu stehen uns ,Thermometer' " (toll!) „mit 3 Skalen" (Wahnsinn!) „zur Verfügung. Celsius, Réaumur und Fahrenheit" (der Mann kennt sich aus!). Und nun: wo ist die „Schwierigkeit" geblieben, die der gute Mann klarmachen wollte? Noch umstandsloser geht ein QUITTNER-BERTOLASI zu Werke: „Man erhält also eine ganz besonders geartete Gleichung, die die quantitative Analyse eines ausgesprochen qualitativen Vorganges ermöglicht, ohne daß die Qualitäten auf beiden Seiten der Gleichung an sich irgendwie kommensurabel wären." Unverschämter kann ein Volkswirt wirklich nicht mehr seine Gewißheit aussprechen, daß sein Publikum den volkswirtschaftlichen Irrationalismus des Nutzenvergleichs hinnimmt, ohne sich irgendetwas nur halbwegs Sinnvolles dabei denken zu können und auch nur zu sollen — einfach weil die gesamte Tradition des Faches dahintersteht. Denn immerhin hat der alte Soziologe Pareto den Mikroökonomen von heute ihren Schwindel schon längst vorgedacht: „Wir brauchen ... nicht zu wissen, ob die Nützlichkeit eine meßbare Größe im mathematischen Sinne des Wortes ist oder nicht, noch weniger benötigen wir ein exaktes Maß des Genusses; die Kenntnis der Indifferenzlinien (!!) genügt." — Als wäre im Gedanken einer „Indifferenzlinie" nicht die Voraussetzung eines quantitativen Maßstabs für jeglichen „Genuß" eines Haushaltes enthalten, und als ließe sich irgendeine „Indifferenzlinie" „kennen", ohne daß man die Absurdität in die Tat umgesetzt und „die Nützlichkeit" unterschiedlicher „Güterbündel" *gemessen* hätte! Doch des Wissenschaftlers Freude am *vorgestellten* Ergebnis ist so groß, daß er dessen Voraussetzungen schlichtweg leugnet, um sie festhalten zu können, so wie er es benutzen will: „Die einzigen meßbaren Größen, die der Betrachtung zugrundeliegen (!), sind die Waren selbst." (PARETO) Ausgestorben ist die Suche nach einer objektiven Grundlage der vorgestellten Vergleicherei aber noch immer nicht ganz: Ein Amerikaner, J. FISHER, ist vom („gescheiterten") Versuch, den *Nutzen* zu messen, zur Idee einer Messung der „*Erwünschtheit*" („wantability") fortgeschritten, wobei eine Maßeinheit namens „wantab" Verwendung findet; die Ökonomen NEUMANN & MORGENSTERN fristen ihr Dasein recht ökonomisch mit dem ,Versuch', „die Präferenzen durch genauere Bestimmung der Intervalle in den Präferenzen" (was sie da wohl „bestimmen"!) „fast (sic!!!) numerisch zu machen." Eine Wissenschaft mit Zukunft!

Entsprechend ungestört schreitet die mikroökonomische Modellkonstruktion voran. Indem sie eine — inhaltlich nicht bestimmte — Gleichheit unterschiedlicher Gütermengenverhältnisse innerhalb einer stetigen Unendlichkeit derartiger Kombinationen voraussetzt, hat sie sich die Freiheit verschafft, diese „Indifferenz" als *Kurve im* — der „Einfachheit" halber zweidimensional gedachten — *„Güterraum"* zu postulieren, und zwar ganz offen rein nach ihren eigenen konstruktiven Bedürfnissen: um eine stetige, fallende, konvexe, die Koordinaten nicht berührende Kurve ohne Knick soll es sich handeln! Begründet wird nichts von alledem — wie sollte auch? —; als Rechtfertigung für die aufgestellten Postulate genügt der nackte Verweis auf die modelltheoretischen Großtaten, die die VWL mit ihrer Hilfe zu vollbringen gedenkt:

„Unstetigkeiten ... wollen wir deshalb ausschließen, weil die Berücksichtigung von Unstetigkeiten bei der Behandlung vieler wichtiger Fragen der mikroökonomischen Theorie zu schwierigen formalen Problemen führt." (BÖVENTER JOHN) — Ja dann!

Zur ökonomischen Realität wird diese gesamte Konstruktion nach einem ebenso simplen wie dreisten Muster in Beziehung gesetzt: Wo es geht, werden Analogieschlüsse angestrengt, etwa:

„Eine gewisse sachliche Rechtfertigung für die Annahme eines konvexen Verlaufs der Indifferenzkurven liegt in der im allgemeinen plausiblen Vorstellung, daß der Haushalt ein ausgewogen proportioniertes Güterbündel einem sehr einseitig zusammengesetzten Güterbündel vorzieht." (dies.) — das soll, wohlgemerkt, „im allgemeinen plausibel" sein, nachdem per „Vektorschreibweise" die Anweisung ergangen ist, dem Haushalt einen Konsumwunsch bezüglich sämtlicher n Güter der Volkswirtschaft zu unterstellen. Wann mag ein solches „Güterbündel" wohl „ausgewogen" sein? Was für einen Sinn macht es außerdem, überhaupt von „ausgewogen" und „einseitig" zu sprechen, wenn die Bestimmung der jeweiligen Mengen*einheit* ausdrücklich für eine nicht weiter belangvolle Konvention erklärt worden ist? Ist denn ein Güterbündel mit 1 Klavier und 1 Liter Bier einseitiger oder ausgewogener als eines mit 1 Zehntel Klavier (stetig teilbar!) und 3 Hektoliter Bier? Aber man soll sich ja auch gar kein „Güterbündel" vorstellen, sondern bloß, daß die Tendenz zur „Ausgewogenheit" derselben sehr plausibel ist — und deswegen die „Indifferenz" eine konvexe Kurve!

Gibt der Rückblick auf die „Plausibilitäten" des ökonomischen Alltagslebens dergleichen scheinhafte Analogien nicht her, so tut der Verweis auf die *Un*plausibilität des mathematischen Postulats dieselben Dienste: dann hat man nämlich gleich mal wieder klargestellt, daß das Modell ein Modell ist und über die Ökonomie aufklären soll, gerade *ohne* mit der ökonomischen Wirklichkeit immerzu zu tun zu haben:

„Unstetigkeiten in den Präferenzen wollen wir ... ausschließen ..." (usw., s.o.) *„Im Hinblick auf die empirische Interpretationsfähigkeit unseres Modells sollten Sie aber nicht übersehen, daß Stetigkeit der Präferenzen bestenfalls (!) eine Approximation an die Realität sein kann."* (dies.) Nicht einmal Eingeständnisse des folgenden Kalibers sind einem modernen Mikroökonomen ein Problem: *„Dies ist nun freilich eine recht merkwürdige Implikation, steht sie doch in krassem Widerspruch zu unserer ökonomischen Alltagserfahrung."* — die Rede ist von dem Postulat, die Indifferenzkurve dürfe die Koordinaten des auf zwei Dimensionen verkürzten „Konsumraums" nicht berühren: als wäre die Widerlegung dieser Idiotie je Inhalt einer „Alltagserfahrung"! Ein edler Zweck tritt aber nur noch klarer hervor, wenn man sich bei seiner Verfolgung von „krassen Widersprüchen" zur „Realität" nicht weiter stören läßt: *„Wir werden diese Annahme ebenfalls zunächst zugrunde legen, weil sie vor allem die analytische Bestimmung des optimalen Konsumplans ... wesentlich erleichtert ..."* (dies.) Das ist Gedankenfreiheit 1980 ff.!

Man sieht: die Haushaltstheorie weiß den Fehler, daß sie sich ihren Gegenstand erst in einen n-dimensionalen mathematischen Raum umdichtet und ab da an diesem *Bild* weiterspekuliert, zu nutzen. Fragt sich nur, wieder einmal und noch immer nicht zum letzten Mal: *wozu eigentlich?*

f)
Alle mathematischen Anforderungen an Gestalt und Verlauf der „Indifferenzkurven" fassen sich in dem einen Anliegen zusammen: diese Dinger sollen differenzierbar, also so beschaffen sein, daß sich ihre — negative, mit steigendem x abnehmende — Neigung in jedem Punkt genau bestimmen läßt. Damit nämlich hat die Mikroökonomie zwar noch immer keinen *Gesichtspunkt* aufgetan, unter dem der Wunsch nach dem einen Bestandteil des Güterbündels das quantitative Maß für den Wunsch nach einem anderen Gut abgeben könnte — „ Δ x Liter Wein sind dem Haushalt so wünschenswert wie Δ y Stück   Eier" ist und bleibt ein Unsinnssatz! —, wohl aber hat sie, „streng mathematisch", ein exaktes *Verhältnis* postuliert, in dem die Ersetzung des einen Gutes durch das andere den Konsumplan des Haushalts gleichermaßen erfüllen soll. Und nicht nur als exakt ist dieses fiktive Maßverhältnis unterstellt; es weist zudem den

schätzenswerten Vorzug auf, sich mit steigendem x stetig zu verändern. Damit nämlich fallen der modernen Mikroökonomie wie von selbst die beiden Haupt-„Gesetze" der Güternachfrage in den Schoß, die die alte „subjektive Wertlehre" sich aus ihrer Idealisierung des Gütertauschs zum Ausfluß einer erznatürlichen inneren Nutzenökonomie des bedürftigen Subjekts zusammenspekuliert hat: Güter seien generell als durch einander substituierbar zu betrachten, und die Rate der Substitution falle für ein jedes Gut mit der Zunahme der quantitativen Verfügung über dasselbe — das gute alte Pseudogesetz vom sinkenden Grenznutzen. Mit geradezu beispielhafter Unverfrorenheit zieht die Mikroökonomie hier den für ihre Modernisierung kennzeichnenden, ja eigentlich ihre ganze Modernisierung ausmachenden *Scheinschluß* — eben nicht mehr von verkehrten Annahmen über das menschliche Genußleben auf ihre ökonomischen Aktivitäten, sondern umgekehrt — aus der allein für diesen Zweck eingerichteten mathematischen Konstruktion auf eine ökonomische Gesetzmäßigkeit der Haushaltsnachfrage:

„Geben wir (dem Haushalt) ... eine Mengeneinheit von Gut 1 und nehmen wir ihm gleichzeitig zwei Mengeneinheiten von Gut 2 weg, so stellt sich der Haushalt genau so gut wie vorher, denn (!!!) in diesem Fall bleibt er auf der durch x^o verlaufenden Indifferenzkurve. ... Wir können die Durchschnittsrate der Substitution aber auch in anderer Weise interpretieren (!) ... (nämlich so,) daß A jedes Tauschangebot (!!) akzeptiert, das ihm für eine zusätzliche Einheit von Gut 1 weniger als zwei Einheiten von Gut 2 abverlangt ... (usw.) ... Die inhaltliche Interpretation dieses ‚Gesetzes' " (der Annahme nämlich, „daß Indifferenzkurven konvex gekrümmt sein müssen") *„sollte Ihnen nun nicht mehr schwerfallen: Je mehr ein Haushalt von einem bestimmten Gut schon hat, um so weniger wird er für eine zusätzliche Einheit dieses Gutes von anderen Gütern abzugeben bereit sein."* (dies.)

So erschleicht die moderne Mikroökonomie sich die ökonomischen „Gesetze", auf die es ihr ankommt, ohne über deren Inhalt und dessen Begründung Rechenschaft abgeben zu müssen. Die mathematischen Gesetzmäßigkeiten der reinen Quantität werden zielstrebig mißbraucht, um den alten ökonomischen Dogmen der Disziplin einen Schein wissenschaftlicher Begründetheit zu verleihen, ohne sich auch nur auf die Erörterung eines, und sei es fiktiven, ökonomischen Sachverhalts überhaupt einzulassen.

f')

Wahrscheinlich, weil der Schein mathematischer Gesetzmäßigkeit ihm so gut gefällt, formuliert ein moderner Mikroökonom diese ganze „Ableitung" noch einmal *als Nutzenfunktion*. Dabei schaut zwar nicht ein bißchen an zusätzlicher auch nur scheinbarer Begründung heraus; er meint aber wohl, daß doppelt genäht besser hält. Er kehrt noch einmal zu seinem Grundgedanken einer „Präferenzordnung des Haushalts" zurück, läßt dabei vorübergehend seine Anweisung außer acht, diese „Ordnung" sei als stetige Folge von „Indifferenzkurven" zu betrachten, möchte allein für den menschenfreundlichen Zweck größerer Anschaulichkeit eine in unterschiedlich großen Zahlen dargestellte Rangfolge zwischen einzelnen „Konsumplänen" hergestellt haben — um im nächsten Moment zur Vorstellung einer stetigen Folge von „Präferenzen" zurückzukehren, auf daß man deren „Ordnung" in das Bild einer Funktionsgleichung fassen kann; das Ganze nennt sich dann „Nutzenfunktion":

„Die Zuordnung bestimmter reeller Zahlen zu den einzelnen Konsumplänen ist nun nichts anderes als eine Funktion $u = f(x) = f(x_1, x_2)$, die die Präferenzordnung des Haushalts beschreibt. Diese Funktion nennt man Nutzenfunktion." (BÖVENTER/JOHN)

Als reines Hirngespinst ist die „Präferenzordnung" schon sehr auf ihre immer „zweckmäßigere Beschreibung" durch ihren Herrn und Meister angewiesen. Das neue „Beschreibungsmittel" hier, u = Nutzen, stellt nun allerdings etwas Verschiedenes dar, je nachdem, ob es sich um die schlichte Numerierung von Konsumplänen handelt oder die Zuweisung von reellen Größen, ob bloßes Aufzählen oder Quantifizieren. Einerseits soll das kleine u als Index bloß *bezeichnen*, daß ein Konsumplan einem anderen vorgezogen wird. Es figuriert als Platzziffer, und wenn in dieser Funktion schon der Gebrauch von Zahlen ohne Notwendigkeit ist — beliebige andere konventionellerweise geordnete Sächelchen wie Buchstaben oder Gold-Silber-Bronze täten den gleichen Dienst —, so ist erst recht die Wahl bestimmter Zahlenwerte rein willkürlich. Es spielt, wie jeder Ökonom auch auszuposaunen sich gedrängt fühlt, keine Rolle, ob das vorgezogene „Güterbündel" die Ziffer 2 gegenüber dem hintangestellten mit Ziffer 1 erhält oder ob 487 und -10 Mio. gewählt werden. Und deshalb ist solch eine Bezifferung auch keines weiteren Gedankens wert — genauso wie die urdeutsche Bezeichnung „Meier zwo" zu nicht mehr und nicht weniger taugt als dem Hinweis, daß der fragliche Verein zwei Mitglieder dieses Namens zu unterscheiden hat.

Wenn dann andererseits der Ökonom als *„exemplarisches"* Gesetz dieser Willkür eine Nutzen*funktion* wie $u = x_1 \cdot x_2$ auffährt, eröffnet er sich mathematische Möglichkeiten, die mit dem schlichten Problem der zweckmäßigen Bezeichnung einer Reihenfolge nichts zu tun haben. Die erste Möglichkeit besteht darin, wieder einmal seinem technischen Lieblingsfehler ein Denkmal zu setzen, also links in der Funktionsgleichung eine unbenannte Zahl und rechts das Produkt von Mengeneinheiten zu haben. Zum zweiten kann er Zahlenwerte für die Gütermengen einsetzen: $x_1 = 2$ und $x_2 = 1$ ergibt nach Adam Riesling $u = 2$; wohingegen $x_1' = 1$ und $x_2' = 3$ glatte $u' = 3$ zum Resultat haben — lauter ziemlich *kardinale* Größen, die natürlich, weil das Größen nunmal so an sich haben, *auch* in einer *Ordnungs*beziehung stehen: 3 ist bekanntlich größer als 2. Das als *Ausdruck* der Präferenzrelation $(x_1, x_2) \leqq (x_1', x_2')$ zu nehmen, ist ebenso wohlfeil wie lächerlich, insofern diese schöne Relation, wohl weil sie dahintersteht, weder im Berechnungsmodus für u vorkommt, noch bei seiner Aufstellung zu Rate gezogen werden konnte: $(x_1, x_2) \leqq (x_1', x_2')$ gilt jetzt *wegen* der *verschieden großen* u's, die aus den Gütermengen zu ermitteln sind. Und diesen kardinalen Charakter seiner Nutzenindizes beutet der Ökonom drittens und fürderhin weidlich aus, wenn er mit ihnen als veritablen *Quanta rechnet*, also Gleichungen aufstellt, die Ableitung bildet usw. usf. — was wäre wohl das totale Differential von „Meier zwo"?

Jede reelle Zahl stellt jetzt ein u vor, also eine bestimmte *Menge* Nutzen, die vermehrt oder vermindert und mit allen Schikanen der Quantität traktiert werden kann, eben weil diese merkwürdige Substanz als wirkliche Größe, damit auch als meßbare und gemessene *gedacht* wird.

Der Widersinn der ganzen Veranstaltung besteht eben darin, den Nutzen als kardinale Größe zu leugnen, ihn dennoch quantitativ vergleichen zu wollen, eine ordinale Reihenfolge von „Güterbündeln" zu konstruieren und diese wiederum als stetige Funktion zu behandeln, also Rangfolge und Maß als zwei Dinge zu identifizieren, deren Disparatheit zu versichern der moderne Mikromann nicht müde wird. Das Ziel seiner methodischen Bemühungen ist der quantifizierte Nutzen *zusammen* mit der Demonstration, daß von Maß und Menge nicht die Rede sei — weshalb es noch als Vorteil und Gewinn für die intellektuelle Redlichkeit herausgestrichen wird, daß vorher wie nachher für das kleine u die Meßlatte fehlt und es auch weiter nicht stören kann, auf alle Werte noch 10 drauf zu addieren.

Die ganze theoretische Konstruktion der Präferenzordnung erweist sich so als in der Tat ihrem Zweck getreu, sich erst hinterher zu sowas wie Nutzenquanta „gezwungen" zu sehen und sich darob die Hände in Unschuld waschen zu können: Das eigene wissenschaftliche Werk bestand darin, windige Hypothesen über den Umfang der Bedürfnisbefriedigung u. dergl. zu vermeiden, und doch ist einem mit dem kleinen u ein vollgültiges Äquivalent in den Schoß gefallen. Kein Wunder: *Einerseits* macht man in seiner ganzen positivistischen Blauäugigkeit eine *diskrete* Ordnung von Präferenzen vorstellig — der Haushalt ordnet die Konsumpläne „seiner subjektiven Wertschätzung entsprechend in Form einer *Liste*" —, zeichnet drei „typische" resp. typischerweise nur *drei* Indifferenzkurven auf's Papier und *numeriert* die dann, wie sich's ja „anbietet". *Andererseits* versieht man diese seine anschaulichen Konstrukte mit befremdlichen *mathematischen* Postulaten, die zwar im Gegensatz stehen zur erweckten Vorstellung — schonmal eine s t e t i g e *Liste* gesehen? —, aber umso besser dafür sorgen, daß die ganze *ordinale* Erfindung vom Typus der *reellen Zahlen* ist und daher alle formalen Eigenschaften *meßbarer* Größen aufweist.

Nein, einen „metaphysischen Nutzenbegriff" braucht die neue Mikroökonomie nicht, weil sie schon einen Schritt *vorher* Metaphysik treibt, um das gewünschte Hirngespinst ‚Nutzen' in all seiner Pracht als messerscharf deduziertes *Resultat* präsentieren zu können.

g)
Bis auf einen letzten Schritt hat die Mikroökonomie sich jetzt an den Schein der mathematischen Bestimmung einer Gesetz-

mäßigkeit von Umfang und Proportion des von einem Haushalt gewünschten und nachgefragten „Güterbündels" herangearbeitet. Nachdem sie den von ihr erfundenen homogenen n-dimensionalen „Güterraum" um die Idee einer „Präferenzordnung" bereichert hat, mit der zusätzlichen Maßgabe, bei jedem nach Präferenz geordneten „Punkt im Güterraum" handelte es sich in Wahrheit um eine „Indifferenzkurve", die die „Substitutions-" sprich Tausch-,,Bereitschaft" des Haushalts in Bezug auf jedes der gewünschten Güter bei jedem erdenklichen Versorgungsstand mit dem jeweiligen Gut angibt, bekommt die „Budgetgerade", die anfangs nur die realisierbaren von den nicht realisierbaren „Konsumplänen" scheiden sollte, eine neue tiefere Bedeutung. Die banale *Logik des Verzichts* in einer Welt der Warenpreise und arg beschränkter „Geldeinkommen" — nämlich: die Befriedigung eines Bedürfnisses erfordert einen Verzicht an anderer Stelle und in einer Proportion, die durch das Verhältnis der jeweiligen, dem Käufer vorgegebenen Preise bestimmt ist — wird, von ihrem jedermann bekannten ökonomischen Inhalt getrennt und „gereinigt", zunächst in das mathematische Bild einer fallenden Kurve erster Ordnung im zweidimensionalen („Konsum-")Raum verwandelt; als „Budget-" oder „Bilanzgerade" suggeriert dieses Bild ein „Sachgesetz", demzufolge ganz *jenseits* der Logik des Verzichts, die doch da ins Bild gesetzt ist, zwischen den Mengen unterschiedlicher Güter gewisse stetig veränderliche Proportionen walten. Das „Argument" für die Herstellung dieses Gedankens liegt — in seinem theoriestrategischen *Zweck*. Denn mit ihm tritt zu der bisher mühevoll erarbeiteten Fiktion unendlich vieler ineinanderliegender „Indifferenzkurven" (mit denen „der Haushalt" den volkswirtschaftlichen „Güterraum" ausgefüllt, zwischen denen er nunmehr seine wahre und eigentliche „Kaufentscheidung" zu treffen haben soll) die *Fiktion eines objektiven, rein rechnerischen Kriteriums* der zu treffenden „Wahl" hinzu. Fortan nimmt diejenige „Indifferenzkurve" in der „Präferenzordnung des Haushalts" den höchsten Rang ein — so die stolze „Entdeckung" der Mikroökonomie —, die in der „Budgetgeraden" eine *Tangente* hat; denn der Tangentialpunkt ist von allen „Konsumplänen" der beste.

Diese „Entdeckung" suggeriert einen sachlichen Gehalt von erschütternder Trivialität. Sie überläßt denen, die sie zur Kenntnis nehmen, nicht mehr und nicht weniger als die Vorstellung: bei gegebenem Einkommen und gegebenen Preisen kauft der Haushalt sich seinen „Warenkorb" so zusammen, wie er es für optimal hält. Zugleich wird jede Vermutung, mit dem „für optimal halten" sollte womöglich ein sachliches ökonomisches Gesetz für die Kaufentscheidungen des Haushalts angedeutet sein, von der modernen Mikroökonomie, wie schon dargestellt, nachdrücklich zurückgewiesen. *Welche* „Präferenzen" der Haushalt trifft, das soll sich ja gerade nach keinem altertümlich „nutzentheoretischen" Gesichtspunkt entscheiden, sondern rein aus der *Tatsache* der Haushaltsentscheidung als solcher;

„Die Annahme der Nutzenmaximierung impliziert", siehe oben, *„überhaupt nicht die Vorstellung, daß der Konsument sich für ein bestimmtes Güterbündel deshalb entscheidet, weil er mit der Wahl dieses Güterbündels irgend etwas maximiert.";*

ja ein moderner Mikroökonom stellt sogar stolz als Gütesiegel seiner Theorie heraus, daß diese im Breitwalzen einer selbstkonstruierten Tautologie besteht:

„Dieses Ergebnis, daß der Haushalt immer den Konsumplan mit dem höchsten Nutzen wählt", so BÖVENTER/JOHN ohne jeden Anflug von Selbstironie, *„ist nicht weiter überraschend; denn es ist einfach die logische Folge der Art und Weise, auf die wir den einzelnen Konsumplänen die Nutzenindices zugeordnet haben."* Logo!

Was bleibt also unterm Strich? Die erhellende Erkenntnis: Wenn ein Haushalt sich seine Bedarfsartikel zusammenkauft, dann hat er sich, wissenschaftlich gesehen, aus der Gesamtheit der volkswirtschaftlich vorhandenen Güter den Ausschnitt gekauft, mit dem er bei gegebenem Einkommen und gegebenen Preisen am besten zu fahren meint — bei „am besten" möge man sich aber um Gottes willen nichts weiter denken, als daß eben jenem „Güterbündel" der Vorrang vor allen anderen zuerkannt worden ist. Beweis: Andernfalls hätte der Haushalt sich bei anderer Verteilung seines „Budgets" ja besser gestellt — und dann wäre *das* erst sein „optimaler Konsumplan" gewesen; eben dies aber ist durch das Faktum der Entscheidung widerlegt. Dasselbe als Kompliment an die eigene Modellbaukunst ausgedrückt:

„Jetzt zahlt sich natürlich aus (!), daß wir die Indifferenzkurven hyperbelförmig gezeichnet haben: dadurch gibt es immer einen und nur einen Tangentialpunkt mit der Bilanzgeraden." (SCHNEIDER)

Nochmals: Was bleibt unterm Strich? Ein Kompliment an die tautologisch herbeibehauptete Deckungsgleichheit von Budgeteinteilung und Präferenzordnung am „Punkt" der tatsächlichen Kaufentscheidung; ein Kompliment zudem, das noch nicht einmal als solches gemeint sein will, sondern nur ein Selbstlob des Modellbaumeisters!

Und für dieses Ergebnis der ganze Aufwand mit mindestens sieben Denkfehlern und dem unverschämtesten Mißbrauch der Mathematik — sie dient dem Schein der „Exaktheit", indem sie den Warentausch *als* Funktion hinstellt — in der Geschichte des wissenschaftlichen Geistes?

h)

Nein: *dafür* natürlich nicht. Die offenkundige Absicht der modernen Mikroökonomie des Haushalts geht nicht dahin, die Banalität mitzuteilen, daß ein Haushalt sich einteilt, sondern: dieser Banalität durch ihren mit über einem halben Dutzend Trugschlüssen bewerkstelligten Ausbau zu einer bombastischen Tautologie von mathematischer Gestalt den Anschein zu verleihen, sie enthielte *die bestimmende Gesetzmäßigkeit* der Nachfrage nach Konsumgütern.

Der besondere Aberwitz der modernen Mikroökonomie liegt dabei darin, daß sie nicht bloß zur einen Seite hin darauf verzichtet, der behaupteten Gesetzmäßigkeit den Anschein einer sachlichen — anthropologischen, psychologischen oder wie auch immer verrückten — Fundierung beizulegen, vielmehr die Logik des selbstkonstruierten mathematischen Gleichnisses für sich sprechen lassen will; sie will auch auf der anderen Seite mit ihrer „Gesetzmäßigkeit" keineswegs, wie die verachteten „Alten" immerhin noch, den Begriff der elementaren ökonomischen Tatbestände Tausch und Geld aufgedeckt haben. Wenn sie die Banalität des Zwangs zum Sich-Einteilen in das gelehrt klingende „Gesetz" faßt:

„Da aber die Grenzrate der Substitution von Gut 2 durch Gut 1 gleich dem absoluten Wert der Steigung der Indifferenzkurve ist, muß der optimale Konsumplan die folgende Bedingung erfüllen:

$$(2) \quad d x_2 / d x_1 = - p_1 / p_2 , \ldots$$

Gleichung (2) besagt damit, daß der optimale Konsumplan durch die Gleichheit von Substitutionsmöglichkeit und Substitutionsbereitschaft charakterisiert ist." (BÖVENTER/JOHN), dann will sie damit noch nicht einmal eine falsche Ableitung des Tauschverkehrs und des Geldes — im Sinne einer Vermittlung aller unterschiedlichen „optimalen Konsumpläne" — auf den Weg gebracht haben. Solche wenigstens der Form und dem Anspruch nach noch ökonomischen Überlegungen sind ihre Sache nicht. Alle haushaltstheoretischen Weisheiten über den „Tangentialpunkt zwischen Budgetgerade und Indifferenzkurve" wollen auf die Vorstellung hinaus, daß damit

„bei gegebenem Einkommen und gegebenen Güterpreisen der optimale Konsumplan eindeutig bestimmt *ist* ",

und zwar so eindeutig, daß sich daraus „ableiten" läßt,

„welche Güter in welchen Mengen der Haushalt bei gegebenen Güterpreisen und gegebenem Einkommen tatsächlich nachfragen wird."

So schreitet die Mikroökonomie nun voller Stolz zur Aufstellung einer *Gesetzesaussage über die nachgefragten Gütermengen:*

„Bei gegebener Präferenzordnung des Haushalts hängen die optimalen Verbrauchsmengen vom Haushaltseinkommen und von den Güterpreisen ab, d.h. die nachgefragte Menge jeden Gutes i ist eine Funktion des Preises des Gutes i, der Preise aller (!) anderen Güter sowie des Einkommens:

$$(1) \quad x_1 = f_1 \ (p_1, p_2, \dots p_n, E)$$
$$x_2 = f_2 \ (p_1, p_2, \dots p_n, E)$$

$$\vdots$$

$$x_n = f_n \ (p_1, p_2, \dots p_n, E)$$

Die Funktion $x_1 = f_1 \ (p_1, p_2 \dots p_n, E)$ *bezeichnet man als* allgemeine Nachfragefunktion *für Gut i."* (dies.)

Ginge es der modernen Mikroökonomie um die wirkliche Bestimmung von irgend etwas, sei es auch bloß um den Umfang der Konsumgüternachfrage in der „Marktwirtschaft", so könnte sie bei der einleitenden adverbialen Umstandsbestimmung „bei gegebener Präferenzordnung des Haushalts" ihr Bemühen für gescheitert erklären und sich sinnvolleren Tätigkeiten zuwenden; dem Mathematikunterricht an höheren Schulen zum Beispiel. Denn nicht nur, daß diese „Präferenzordnung" sich weder empirisch erheben läßt noch erhoben werden soll; nicht nur, daß sie, siehe oben, eine Fiktion ist, mit der die VWL sich von der ökonomischen Realität der Haushaltsentscheidungen theoretisch freimacht; sie selber hat dieses fiktive Ding in ihre Modellkonstruktion doch eingeführt als eine Größe, die sich nicht von irgendeinem objektiven Kriterium her berechnen lassen soll, sondern einzig und allein aus der tatsächlich getroffenen Entscheidung ergibt — man erinnere sich:

„Wir haben nicht gesagt, daß der Konsument Güterbündel x gegenüber Güterbündel x' vorzieht, weil x für den Haushalt einen größeren Nutzen hat als x', sondern umgekehrt: weil der Haushalt x gegenüber x' vorzieht, ordnen wir x eine größere Zahl zu als x', und die zugeordneten Zahlen (!) bezeichnen wir als den Nutzen der Güterbündel." (dies.)

Was soll aber eine mathematisch noch so hübsche „Funktion" zur Bestimmung der Nachfrage beitragen, wenn das faktische *Ergebnis* der Nachfrage zu den *Voraussetzungen* der Funktion zählt? Die „allgemeine Nachfragefunktion" ist, in einer Formel zusammengefaßt, das ganze *intellektuelle Schwindelunternehmen* der mikroökonomischen Haushaltstheorie; die Absurdität einer *Prognose ex post*, die, man mag es drehen und wenden, wie man will, nur zu einem taugt: *den falschen Schein der Berechen b a r k e i t zu erzeugen.* Statt Hilfsmittel einer wirklichen Berechnung ökonomischer Sachverhalte zu sein, erfüllt ausgerechnet die mathematische Formel den absurden Zweck, diesen falschen Schein quasi leibhaftig darzustellen und dadurch zu beweisen; ausgerechnet in ihrer *Sinnfälligkeit* dient sie als *Surrogat für die wissenschaftliche Bestimmung des Gegenstandes*, von der die moderne Mikroökonomie noch entschiedener nichts wissen will als ihre Vorläufer von der „subjektiven Wertlehre".

i)
Gegen den „Psychologismus" von einst, mit dem die Ökonomie die Frage nach der im Tausch entscheidenden Größe immerhin noch anerkannte und beantwortete, steht die heutige Theorie recht souverän da. Schließlich hat sie ihre Denk-„Strategie" erfolgreich zu Ende gebracht und ein *Gesetz des Tausches* konstruiert, das auf alle „lästigen Annahmen" verzichtet. Weder bedarf man einer ökonomischen Eigenschaft der Waren, die aus harmlosen Gütern so minutiös berechnete Tauschobjekte macht, noch ist das individuelle Nutzenkalkül als berechnende Stellung zur Welt der Gebrauchswerte vonnöten, um die seltsamen Tauschrelationen plausibel zu machen.

Die Gesetzmäßigkeit, die im Gewande einer Funktion präsentiert wird, betrifft nun endgültig einen Tausch ohne Preis und Waren, die kein Geschäftsartikel sind. Das Ideal einer am Gebrauchswert orientierten und doch nicht im Nutzen begründeten Ökonomie des „Haushalts" bedient sich der *Mathematik* — der Techniken einer Wissenschaft, die Exaktheit verbürgen soll. In der Absicht, eine „vorteilhafte" Entwicklung der eigenen Disziplin zuwege zu bringen, erlauben sich Wirtschaftswissenschaftler seitenlange Anleihen bei einer Wissenschaft, die sich der Unwidersprechlichkeit ihrer Operationen mit gleichgültigen Quanta sicher ist. Aus der Tatsache, daß verschiedene Waren im Tausch einander *gleich gelten*, läßt sich freilich nur mit Hilfe großzügig angewandter Definitionskunst die geometrische Darstellung einer Nutzenfunktion „ableiten", in welcher die Waren als unendlich viele Mengenkombinationen aufmarschieren und sich dabei ganz *gleichgültig* zueinander verhalten. Die Leugnung jeder *ökonomischen* Gesetzmäßigkeit gibt die Grundlage für das mathematisch akkurate Jonglieren mit geometrischen Örtern ab, auf denen sich die Haushalte mit ihren Entscheidungen bewegen. Dabei bedient sich die Mikroökonomie gekonnt eines „Vorzugs" der mathematischen Betrachtungsweise — und um nichts anderes als eine *Methode* handelt es sich bei ihrem Mißbrauch der in gutem Ruf stehenden Mathematik —, der sich aus dem Verfahren selbst ergibt. Gerade weil bei der Verwandlung ökonomischer Sachverhalte in Gleichungen bzw. Funktionen von allen inhaltlichen Bestimmungen des Tausches *abgesehen* wird, lassen sich die praktischen Probleme der ökonomischen Subjekte so schön *dazu* denken. Mit der größten intellektuellen Bequemlichkeit darf man und soll man sich zur Budgetgeraden die Berechnungen von Leuten vorstellen, die sich angesichts der Warenwelt einteilen. Und Weisheiten des folgenden Kalibers:

„Ein Haushalt verfüge in einer bestimmten Zeitperiode über eine Geldsumme (c) für Konsumausgaben. Sofern er nicht spart oder entspart, sind Konsumsumme (c) und Einkommen (y) identisch. Die Konsumausgaben lassen sich als Summe aus den Produkten von Preis und Menge der gekauften Konsumgüter definieren ..."

führen mit der ganzen Wucht des Conditionalis noch lässig zu einer „Definitions-Gleichung". Die abstrakte Sinnlichkeit von

Zahlenverhältnissen, in denen die zu einem *Maß*verhältnis nötige *Qualität* getilgt ist, gestattet den Lehrern und Schülern der Mikroökonomie, die „Entscheidungen" von Käufern und Verkäufern als Umgang von Haushalten mit den Annahmen ihrer Lehrbücher vorstellig zu machen. Auch eine Art, den Wirtschaftssubjekten des Kapitalismus zu bescheinigen, von den Gesetzen ihrer Ökonomie *nichts* zu wissen — allerdings eine Art, die im Unterschied zu Marx mit der *Erfindung* von Gesetzen zugleich den Glückwunsch ausspricht, daß die ihnen unterworfenen Haushälter sehr rational handeln und es kaum besser hätten treffen können.

4. Von der Nomologie des Kaufens zur Weltformel für die kapitalistische Konkurrenz

a)
Hat die Mikroökonomie diesen Einstieg hinter sich gebracht und den Schwindel, das Wirtschaftsleben im Kapitalismus richtete sich, „modellmäßig" gesehen, letztlich nach der Mathematik des n-dimensionalen Raumes und gewissen, sinnreich in diesen hineinkonstruierten Tangentialpunkten, mit ebenso langen wie unsinnigen Funktionsgleichungen eine Gestalt verliehen, deren Überzeugungskraft ausgerechnet in ihrer Anschaulichkeit liegen soll — vom n-dimensionalen „Güterraum" bleiben denn auch erst einmal bloß Ordinate und Abszisse übrig! —, dann geht fürderhin alles ganz leicht. Funktionsgleichungen mit mehreren Variablen besitzen nämlich die mathematische Eigentümlichkeit, sich nach jeder Variablen hin auflösen zu lassen — und moderne Mikroökonomen besitzen die nötige — sagen wir: Unbefangenheit, um aus jeder derartigen Auflösung ein neues Stück Theorie zu drechseln.

— Zur Variablen E (wie Einkommen) hin aufgelöst, ergibt sich ein mathematisch ganz wunderschöner Zusammenhang der nachgefragten Gütermengen mit dem Einkommen (fast hätte man sich sowas schon gedacht!), der sich zwar nie wirklich mathematisch bestimmen läßt; dafür sieht er aber ganz ungeheuer formelmäßig bestimmt aus: man kann sogar eine neue Kurve daraus machen, Alternativen für die 1. Ableitung ausdenken und

Gleichungen für die „Einkommenselastizität der Nachfrage"
konstruieren.

— Zur Variablen p (wie Preis) hin aufgelöst, ergibt sich dieselbe
Leier, bereichert um die zusätzliche Schönheit, daß man hier so-
viele Auflösungen wie Güter erhält, also n — das ist vielleicht
exakt! —; denn in Erinnerung an den n-dimensionalen Güterraum hatte die „allgemeine Nachfragefunktion" ja gleich sämtliche Güterpreise in ihre Gleichung mit aufgenommen.

— Man kann verschiedene Ableitungen kombinieren und sehr
anschauliche Funktionsgleichungen aufschreiben, die wie ein
Gesetz darüber aussehen, wie sich die Nachfrage nach einem
Gut — meistens dem beliebten Gut i — ändert, wenn dessen
Preis, ein anderer Preis und das Einkommen sich ändern ...

— Man kann schließlich die Nachfragefunktion um den tiefsinni-
gen Gedanken bereichern, daß Freizeit doch eigentlich auch
eine Ware ist, die so viel kostet, wie sie das Arbeitseinkommen
des Haushalts beschränkt: mit dem ökonomischen Begriff der
Lohnarbeit hat das zwar nichts zu tun, läßt sich aber als T (wie
„time" für Zeit) minus F (wie Freizeit) in die Funktionsgleichung eintragen, so daß deren Auflösung nach T-F wieder eine
neue Kurve ergibt: die „Arbeitsangebotskurve", die beispielsweise ganz anschaulich darstellt, wie „in unserem Beispiel"

„bei steigendem Lohnsatz und damit steigendem ‚Preis' der Freizeit" (die
Gänsefüßchen hier sind wieder der souveräne Hinweis, daß der Mikroökonom sich der Weltfremdheit seiner Interpretation des Lohns als Preis
der Freizeit bewußt ist und man sich schon allein deshalb daraus nichts zu
machen braucht!) *„... die Nachfrage nach Gut 1 zu(nimmt) und die
Nachfrage nach Freizeit ab(nimmt)."* (BÖVENTER/JOHN) — dies das
durch jeden beamteten Brotgelehrten empirisch bewiesene Gesetz des zu-
nehmenden Fleißes bei zunehmendem Gehalt, oder wie?

Durch all diese Wucherungen der Haushaltstheorie erfährt der
Mensch zwar nicht das geringste bißchen Neues über das Wirtschaftsleben — über die bislang schon breitgetretene, jedes *Wissen* schöpferisch vermeidende Weisheit hinaus, *daß irgendwie
alles mit allem zusammenhängt.* Und er *kann* auch gar nicht
mehr erfahren, weil es ja nichts als formelle Auflösungen einer
nicht bloß der Sache nach blödsinnigen, sondern einer darüber-
hinaus prinzipiell nicht mit bestimmten Werten zu versehenden
Funktionsgleichung sind, die den mikroökonomischen Modell-
bau befördern.

Andererseits *soll* der Mensch aber auch gar nicht mehr erfahren als eben tautologische Umformungen jener scheinhaften Gleichung: die Mikroökonomie selbst macht darauf aufmerksam, indem sie alle ihre Fortsetzungen immer unter die „ceteris paribis-Klausel" stellt, unter den Vorbehalt also, daß jedes „neu" aufgestellte „Gesetz" nur insoweit „gilt", wie es *als* gültig *postuliert* ist. Denn schließlich ist mit „ceteris paribus" ausgedrückt, daß in einem Verhältnis, in dem *voraussetzungsgemäß* viele Bedingungen auf ein Ergebnis Einfluß nehmen, nur eine *dieser* Bedingungen als einflußnehmend in Betracht gezogen werden soll: was bleibt dieser Bedingung unter solchen Voraussetzungen anderes übrig, als im Sinne der Voraussetzung tatsächlich Einfluß zu nehmen?! Man sieht, weshalb Mikroökonomen mit Recht auf ihr „c.p." so stolz sind: mit ihm und *nur* mit ihm gelingt es, den einmal errungenen *Schein der Berechenbarkeit* fortwuchern zu lassen über jeden ökonomischen Gegenstand, den sie ihrer Aufmerksamkeit würdigen und als zusätzliche Variable in ihre so wundervoll komplexe und dabei ganz „exakte" Modell-Ungleichung aufnehmen.

b)
Dieselben Fehler, die in der mikroökonomischen Haushaltstheorie so flott funktionieren, taugen selbstredend auch für die „Analyse" des „Verhaltens" „der zweiten Gruppe von Wirtschaftssubjekten in unserem Gesamtmodell — den Unternehmungen", die für das — na was wohl? richtig: — *Angebot* an Gütern zu sorgen haben. Wieder stellt der Mikroökonom sich fiktiv auf den Standpunkt seines Gegenstandes und fühlt sich in dessen „Entscheidungsprobleme" hinein — wieder unter vornehmer Abstraktion von jeglichem Inhalt und Gegenstand der tatsächlichen Entscheidungen, die ein Unternehmer zu treffen hat, und schon gleich ohne deren ökonomischen Zweck einer Betrachtung zu würdigen. So wie den Haushalt sein „Güterbündel", so läßt er die Unternehmung eine Faktoreinsatzkombination beschließen, ernennt im nächsten Schritt die beschlossene Kombination zu einer Auswahl aus einer Unendlichkeit möglicher Kombinationen;*) die muß natürlich wieder stetig sein, damit

---

*) Bei Studenten, aber auch bei Dozenten der VWL trifft man gelegentlich die Auffassung an, die Annahmen und Konstruktionen der Haushalts- und

110

man wieder einen mathematischen Raum zur Verfügung hat, in den man sich stetige Kurven für die unterschiedliche, aber gleich ertragreiche Kombination von Produktionsfaktoren hineindenken kann, woraus sich ein „Ertragsgebirge" ergibt; und das ist selbstredend so gekrümmt, daß die „Grenzraten" der „Faktor-

---

Nachfragetheorie seien in der Tat recht zweifelhaft, andererseits aber auch nicht so wichtig; handfester gehe es erst in den nächsten Abteilungen, der Produktions- und der Markttheorie, zu. Nun ist es immer blöd, sich über als unsinnig erkannte oder auch nur empfundene Teile eines Theoriegebäudes, die die Wissenschaft selber nicht missen will, durch die Aussicht auf gelungenere Fortsetzungen hinwegzutrösten; und es ist dies erst recht falsch im Falle einer Wissenschaft, deren „Logik" überhaupt *nur* in der Zumutung besteht, sich Unsinniges doch mal ganz zwanglos vorzustellen, einfach weil das *zweckmäßig* sei für die Erreichung des *Ziels* der „Theorie" — so als machte ausgerechnet die „fromme" Absicht, ein ganzes Lehrbuch vollzuschreiben oder als Mikroökonom durchs Leben zu kommen, aus lauter falschen Prämissen am Ende eine gescheite Einsicht! Was ist aber von dem Gerücht zu halten, die Behandlung der ökonomischen „Entscheidungsprobleme" nach den mathematischen Gesetzen des multidimensionalen Raumes wäre im Falle der Produktionstheorie weit weniger haarsträubend als in der Haushalts- bzw. Nutzentheorie — „Streng genommen gibt es solche Ersetzbarkeit von Gütern zur Erzielung gleichen Erfolgs nur bei den Produktionsgütern." (HOFMANN) — ?
Nun — einmal abgesehen davon, daß dieses „strenggenommen" noch keinen Mikroökonomen daran gehindert hat, „Substitution" auch bei Konsumgütern zu behaupten —: was soll denn hier „Ersetzbarkeit" heißen? Wenn man den Standardbeispielfall einer neuen, „produktiveren" Maschine einmal wirklich nur unter dem Gesichtspunkt der „Produktionsgüter" und der durch diese bestimmten Arbeit, also als technische Angelegenheit nimmt, dann ist — natürlich! — ein Produktionsmittel durch ein neues ersetzt worden, sonst aber nichts! Die Beanspruchung anderer „Produktionsfaktoren" wie etwa der Arbeiter mag sich aus technischen Gründen verringern — technisch gesehen ist damit die Arbeit nicht „ersetzt", sondern qualitativ anders, leichter und produktiver geworden. Die Vorstellung einer „Ersetzung" von Produktionsfaktoren durch andere, insbesondere von Arbeit durch Maschinerie, will auf etwas anderes hinaus: auf den Gesichtspunkt, unter dem beides *als gleich gilt* — denn nur so macht die Vorstellung Sinn, das eine träte *an die Stelle* des anderen. Dieser Gesichtspunkt ist aber nicht in den technischen Verhältnissen aufzufinden und schon gar nicht in den „Produktionsgütern" als solchen — selbst die technisch ermöglichte *Abschaffung* einer Arbeitstätigkeit hat nichts mit der *Ersetzung von Arbeit* zu tun. Bzw.: sie hat damit eben nur zu tun unter dem Gesichtspunkt eines *Vergleichs*, für dessen Maßstäbe der qualitative Unterschied zwischen produktiver *Tätigkeit* und Produktions*mittel gleichgültig*

substitution" bei gegebenen Einkaufs- und Verkaufspreisen irgendwo einen Optimalpunkt aufweisen, zu dem es eine mathematisch äußerst zufriedenstellende „Produktionsfunktion" gibt. Am Ende sind die Matrizen einen Quadratmeter groß — und bringen so höchst eindrucksvoll zwei Dinge zur Anschauung: die suggestive Erinnerung an die *Trivialität*, daß Unternehmungen sich um ein Maximum an Ertrag bei einem Minimum von Aufwand bemühen, und den mathematischen *Schein*, in diesem Bemühen gehorchten sie — modellhaft, versteht sich — einer Gesetzmäßigkeit, die zwar noch nicht einmal mit dem betriebswirtschaftlichen Rechnungswesen etwas zu tun hat, die dafür aber so aussieht, *als ob* sie genauestens berechen*bar* wäre. So kann man eben auch über das Kapital und seine Zusammensetzung, über den Profit und seine Verwendung, über den Nutzen der Warenpreise und den Zweck der Produktion Theorien zusammenkonstruieren, in denen diese ökonomischen Gegenstände überhaupt bloß vorkommen als Möglichkeiten, das mathematische Modell „inhaltlich zu interpretieren"; also von vornherein nicht als Gegenstand der Erklärung, sondern als höchst zweckmäßige Konstrukte, die aus der vorgeblichen mathematischen Logik des Modells erspießen und ihr voranhelfen. An *Erklärung* bleibt so unterm Strich — wie bezüglich von Ware, Preis, Kauf,

---

ist; also vom Standpunkt der geschäftlichen Kalkulation, die Arbeitstätigkeit und Arbeitsmittel unter dem für beides gleich geltenden Gesichtspunkt der *notwendigen Unkosten* in Betracht zieht. In der *Kostenfrage* schon, aber auch *nur* in der Kostenfrage vermag tatsächlich, je nach technischer Möglichkeit, ein Produktionsfaktor *an die Stelle* des anderen zu treten — es gibt keine andere Hinsicht, in der sogar ein Roboter einen Fließbandarbeiter „*ersetzen*" könnte: *das* kommt eben nur heraus, wenn die Perfektionierung des Arbeitsmittels bis hin zur Automatisierung eben nicht für den Arbeiter als Arbeits*erleichterung*, sondern als *Entlassung* zu Buche schlägt.
Produktions*güter* als solche sind also schlechterdings nicht durcheinander „substituierbar" — es sei denn, man denkt jetzt flugs wieder an die Ersetzung alter durch neue Maschinerie, wo das trivial ist! —, ebensowenig wie der Genuß von Eiern durch den von Klaviermusik; *eben das* soll man der Produktionstheorie aber glauben, damit die sich den Schein einer Sachgesetzlichkeit ihres „Ertragsgebirges" und des darin enthaltenen „Produktionsoptimums" zusammenkonstruieren kann! Und das soll „handfestere" Wissenschaft sein?

Geld etc. in der Haushaltstheorie — das weltfremdeste und verschrobenste ideologische *Kompliment*, das man diesen Gegenständen überhaupt nur machen kann: sie taugen hervorragend zur Aufplusterung und schlußendlichen Lösung der inhaltlosen „Entscheidungsprobleme", als deren Exekutoren die Mikroökonomie sich die kapitalistischen Unternehmungen zurechtgelegt hat*) — das Modell ehrt seine Bestandteile, und alle zusammen loben sie ihren Meister.

---

*) Lehrbücher der Mikroökonomie schwelgen in Schaubildern der folgenden Art:

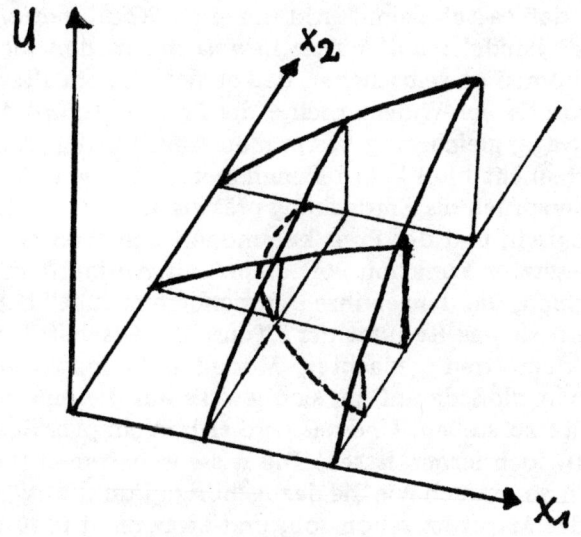

Diese Graphik soll ein „Funktionsgebirge mit Schnitten" darstellen und die tiefe Erkenntnis veranschaulichen, daß und inwiefern „der Nutzen" eine mathematische Funktion von zwei oder mehreren Gütern sei, und zwar bei der Produktion ebenso wie beim Konsum. Das Eigentümliche ist nur, daß eine Erkenntnis über Gesetze des Produzierens oder der Konsumtion, die durch ein säuberlich gemaltes „Gebirge" zur Anschauung gebracht würde, gar nicht vorliegt. Die „Veranschaulichung" *ist* schon der ganze mikroökonomische *Gedanke*: Die Graphik steht für die wissenschaftliche Leistung, die ökonomischen Sachverhalte „Konsum" und „Produktion" theoretisch zu *ersetzen* durch den Entschluß, „rein quantitative Beziehungen zwischen mehreren Größen aufzuzeigen" — Beziehungen übrigens, die noch nicht einmal einer bestimmten Funktionsgleichung gehorchen sollen,

c)

Deswegen hat es bei Nachfrage- und Angebotstheorie auch noch keineswegs sein Bewenden. Schließlich müssen Angebots- und Nachfragekurve sich noch treffen — nicht umsonst hat die Mikroökonomie bereits bei ihrer Konstruktion darauf acht gehabt, daß die eine fällt, die andere steigt: ein Schnittpunkt kann da ja gar nicht ausbleiben. „Inhaltlich interpretiert" bedeutet dieser Punkt nichts Geringeres als *das Gleichgewicht*, und zwar dasjenige des Markts, auf dem endgültig alles mit allem in einer schönen großen Gleichung zusammenstimmt. So hat man in der zweckmäßig mißbrauchten *Mathematik* wieder den *sinnfälligen* „Beweis", daß es sich beim Markt um einen *Koordinations-*„Mechanismus" handelt; und dieser Beweis macht den modernen Mikroökonomen so selbstsicher, daß er sich an dem alten grenznutzentheoretischen Widerspruch — der Preis bestimmt Angebot und Nachfrage; gleichzeitig bestimmen Angebot und Nachfrage den Preis — nicht bloß kein bißchen mehr stört: voll Stolz wird dieser Widerspruch als Entdeckung präsentiert. Der Markt selbst sei tautologisch, und der Preis komme auf ihm eben zweimal in entgegengesetzter Funktion vor: einmal als Auskunftsmittel für die Individuen, die danach ihre „Tauschbereitschaft" bemessen; zum andern als das Resultat der „Tauschbereitschaft", mit der die Individuen den gedachten Modellmarkt betreten — es kommt eben bloß darauf an, sich jeweils auf die eine oder die andere Seite zu stellen. Und das wird sich in ein paar Semestern doch wohl noch lernen lassen! Die wissenschaftliche Botschaft ist ohnehin so einfach wie die dazugehörige Funktionsgleichung länglich: der Markt ist schon toll, und zwar nicht bloß so, son-

---

weil es. nur darum geht, die *Idee* einer differenzierbaren Kurve ins Spiel zu bringen. Soweit die Mikroökonomie überhaupt Schlußfolgerungen hervorbringt, beziehen diese sich fortan auf die Graphik, also auf ein nach unbestimmten Gleichungen zu konstruierendes „Gebirge" und die darin in verschiedenen Richtungen und Ebenen anzulegenden Schnitte, die Steigung und Krümmung der so konstruierbaren Kurven usw. — und *nie wieder* auf so banale Gegenstände wie Konsumtion oder Produktion. Daß das mathematische Modell *deren* Gesetze abbilden würde, ist eine „Interpretation", die als haltlose Beteuerung zum Fortgang des haarsträubenden mathematischen Räsonierens hinzutritt, welches gleich zu Anfang mit der *Emanzipation* von allen ökonomischen Sachverhalten ernstgemacht hat.

114

dern ganz großartig ist er darin, daß und wie er den definitorischen Ansprüchen seines in der Mathematik des n-dimensionalen Raumes beheimateten Interpreten genügt.

5. Der praktische Nutzen der Mikroökonomie:
Eine Sinnphilosophie fürs Wirtschaftsleben und überhaupt

a)
Die Suggestion des selbsterzeugten Scheins der Berechenbarkeit der kapitalistischen Ökonomie, die glatt in Vergessenheit geraten läßt, daß alle aufgestellten „Gesetze" überhaupt nur gelten sollen unter dem Vorbehalt: ‚wenn man wüßte, was man aber gar nicht wissen kann, weil es sich erst hinterher herausstellt' — die „Präferenzordnung des Haushalts" zum Beispiel; die Einbildung, die kapitalistische Konkurrenz mit ihren Wechselfällen prinzipiell in eine mathematische Modellformel gebannt zu haben, die so aussieht wie eine eindeutige Prognose über ihren Verlauf; das verleitet auch nüchterne Mikroökonomen zu grenzenloser Begeisterung für ihr wissenschaftliches Werk. Der Gegenstand, von dem sie als Fachgelehrte ausgegangen sind, scheint ihnen zu klein und geringfügig für die Größe und tiefere Bedeutung der Spinnerei, die sie sich aus diesem Anlaß beigelegt haben. So verfällt ein Ökonom, der nicht zufällig auf den Namen WEISE hört, angesichts des Wunderwerks des ökonomischen Gleichgewichts gar wieder auf den „*Wert*" — als Sinnbild für ein ziemlich metaphysisches All-Gesetz, das letztlich in den von ihm ersonnenen Zusammenhängen, aber keineswegs bloß in diesen, sondern reichlich elementar und grundsätzlich waltet:

„Werte entstehen aus dem Widerstreit zwischen Wünschbarem und Machbarem."

Ein Herr HICKS verliebt sich dermaßen in die absurde Abstraktion, von der er seine „Analyse" des „Nachfrageverhaltens" ihren Ausgang nehmen läßt, daß er diese gleich zu einem bloßen *„ökonomischen Anwendungsfall der Theorie des Ordnens"*

erklärt und eine neue Epoche der Wirtschaftswissenschaft in Aussicht stellt:

„Was als eine Analyse der Wahl des Verbrauchers zwischen Konsumgütern begann, endet als eine Theorie der wirtschaftlichen Wahl überhaupt. Ein einigendes Prinzip für die Ökonomie als ganze ist in Sicht."

115

Und bei einem Herrn VON STACKELBERG gerät das blaue
Blut in Wallung bei der Vorstellung, als Ökonom in Wahrheit
weit Edleres zum Gegenstand zu haben als die schnöden Bedürfnisse des alten Adam:

*„Nicht nur Bedürfnisse im alten (?!) Sinne, sondern alle denkbaren (!)
Zwecke des Menschen und der menschlichen Gesamtheiten"* (auch das
noch!) *„können die Basis für die verschiedenen Mittelkombinationen
abgeben. Die Werttheorie weitet sich zur reinen (!) Theorie der Zweck-Mit-
tel-Beziehungen aus. "*

Es muß für einen Mikroökonomen schon arg erhebend sein,
wenn er in sich mit einem Mal den Makrosophen entdeckt. Das
Mindeste, wofür er sich zuständig fühlt, sind Auskünfte über die
Weltordnung, als deren eine, und zwar ihrer mathematischen
Gestalt nach ganz hervorragende, er Angebot, Nachfrage und
Markt entdeckt haben will:

*„Man kann die verschiedenen (wirtschaftlichen) Aktivitäten durch einen
einzigen Plan von einer zentralen Stelle aus, mittels Anordnung gestalten.
Die zweite Möglichkeit (!) der (!) Koordination (!) besteht darin, die
arbeitsteiligen Produzenten oder Gruppen von solchen durch Austausch
ihrer Produkte miteinander in Beziehung zu bringen."* (FEHL/OBER-
ENDER)

Über die Untersuchung der wirklichen „zentralen Planwirt-
schaft" oder irgendeiner Arbeitsteilung auf Tauschbasis, geschweige denn der kapitalistischen Ökonomie, ist dieses Räsonnement zur Frage, wie „*man*" die wirtschaftlichen Aktivitäten
„gestalten kann", von vornherein hinaus; und auch mit einer
Analyse der alternativen Möglichkeiten der Koordination, dort
wo es Koordination wirklich als Problem und Anliegen gibt, hat
es nichts zu tun — oder haben FEHL und OBERENDER schon
einmal für Krupp oder Siemens einen Vorschlag ausgearbeitet,
wie „man" von der Konzernleitung aus die „arbeitsteiligen"
Werksabteilungen „durch Austausch ihrer Produkte miteinander in Beziehung bringen" könnte, damit nicht alles „durch
einen einzigen Plan von einer zentralen Stelle aus mittels Anordnung" geregelt werden muß?

Mit Phrasen dieser Art bekennt die Mikroökonomie sich ausdrücklich und offensiv als philosophische Spekulation über den
Sinn des Wirtschaftslebens.

b)

Diese Sorte philosophischer Sinnfindung folgt stets derselben „Logik": Zur ökonomischen Realität wird in aller denkerischen Freiheit ein angebliches „Grundproblem", ein eigentliches „Problem allen Wirtschaftens", *hinzu*gedacht — bei FEHL/OBERENDER das „der Koordination", gerade so als wäre die kapitalistische Ökonomie „im Grunde" nach einer Expertise von Koordinationsfachleuten so sinnreich eingerichtet worden (da war der alte Adam SMITH mit seinem frommen *Glauben* an die „unsichtbare Hand", die das Marktgeschehen regle, wenigstens noch offener und ehrlicher in seinem metaphysischen Irrationalismus!) —; die tatsächlich praktizierte Ökonomie ist damit theoretisch umgetauft in eine *mögliche Lösung* besagten „Grundproblems".

„Schlußfolgerungen" dieser Art sind schon ihrer logischen Form nach *nie* in Ordnung: was weiß man denn über eine Sache, wenn sie bestimmt wird als „*eine Möglichkeit, um zu...*"? Der Witz einer solchen „Bestimmung" liegt ja gerade darin, daß sie völlig anderen Sachverhalten ganz ebenso zukommt und zukommen *soll;* man braucht dabei also gar keinen Gedanken auf seinen theoretischen Gegenstand zu verschwenden, ja man darf dabei noch nicht einmal seine Eigentümlichkeiten ins Auge fassen, sondern muß bloß feste an sein eigenes *Vor*urteil über den eingebildeten *letzten Zweck* aller in Betracht gezogenen Sachverhalte denken. Die hier angewandte „Logik der Möglichkeit" taugt somit allein dafür, sich dem angeblich untersuchten Gegenstand gegenüber jede theoretische Freiheit herauszunehmen und recht beliebig zu verfahren in der Zuschreibung der „Funktion", als deren „Träger" man die jeweilige Sache betrachtet haben will. Nicht nur, daß sie dasselbe leisten soll wie etwas anderes auch, nur besser oder schlechter: nach diesem Verfahren läßt sich jede erfundene Abstraktion, ja jede geschmackliche Vorliebe als dasjenige ausgeben, was der zu erklärende Gegenstand zustande bringt. Und dies sogar unter rechtfertigendem Hinweis auf „die Praxis", darauf nämlich, daß man diese durchaus und ohne große geistige Unkosten *so sehen kann:* Wer mag denn schon leugnen, daß der Mensch beim Kaufen auswählen und Entscheidungen treffen muß — also, so der Fehlschluß,

117

wird doch eine Theorie des Entscheidungsproblems, die das Kaufen als dessen „mögliche Lösung" durchschaut, genau das Richtige sein! (So werden von Sozialwissenschaftlern heutzutage auch das Recht, der Bundeskanzler, der Krieg — und sogar die Wissenschaft „abgeleitet"!)

Jede Freiheit ihren schönen Gegenständen gegenüber mag die Mikroökonomie andererseits natürlich wieder nicht verstatten; zur „Logik" der *Beliebigkeit* in der theoretischen Bestimmung eines Gegenstandes gehört konsequenterweise stets deren *Beschränkung*, für die natürlich kein anderes „wissenschaftliches" Kriterium existiert als der Konsens und die Toleranz der Wissenschaft*ler*. Die Auffassung etwa, das Geld sei wesentlich eine Möglichkeit der Staatsgewalt, ihren Subjekten dasselbe fortwährend aus der Tasche zu ziehen, was man doch an der Entrichtung der Mehrwertsteuer bei jedem Kaufakt sehen könne; oder, dem philosophischen Niveau mikroökonomischer Sinndeutungen angemessen: die „These", bei den ökonomischen „Einrichtungen" dieser Welt handelte es sich um lauter alternative „Möglichkeiten", die Menschen zu knechten und unter die Herrschaft des Materialismus zu beugen — solche „kritischen" Einfälle zum Wirtschaftsleben sind um nichts verkehrter (auch um nichts richtiger) als die in der VWL üblichen Interpretationen und folgen genau deren Logik; eine Chance, zum möglichen Glaubensbestand dieser Disziplin hinzuzustoßen, hätten sie aber schon allein deswegen nicht, weil noch jeder Fachvertreter sie mit Marxismus verwechseln würde. *Prinzipiell gut* muß die Meinung über die Tatbestände der Marktwirtschaft sein; um ein *ehrenwertes* „Problem", das durch sie gelöst würde, muß es sich schon handeln; andernfalls sind die gelehrten Pharisäer der Volkswirtschaft sehr prompt mit dem Urteil „zu einseitig" zur Stelle.

c)
Die verlangte „Vielseitigkeit" wissenschaftlicher Sinndeutung der Ökonomie kommt denn auch regelmäßig auf das eine uralte und immergleiche optimistische Dogma über den wahren und „letzten" Grund und Zweck „allen Wirtschaftens" zurück: es diene der „*Bewältigung des Knappheitsproblems*".

So prinzipiell genommen, wie er sich vorträgt, ist dieser Gedanke ebenso verkehrt wie dem bürgerlichen Verstand plausibel. Denn daß bei jeglicher Produktion hinterher ein Gut da ist, das vorher nicht da war, und daß dieses Gut irgendwie auf irgendein Bedürfnis berechnet sein dürfte — wer wollte das schon leugnen? Nicht einmal dieser abstrakte Zusammenhang ist jedoch richtig bestimmt, wenn man ihn als den konstruktiven Umgang mit einem „Knappheitsproblem" interpretiert. Diese Interpretation ist nämlich nichts als die Aufforderung zu einer völlig leeren Bewegung des Gedankens: die sehr positive Tätigkeit, sich willentlich auf ein vorgestelltes Gut zu beziehen und es zweckentsprechend zu beschaffen oder herzustellen, soll allein dadurch einer Klärung nähergebracht werden, daß man sie als Negation ihrer eigenen Negation faßt.*) Wirklich bestimmt ist damit nichts von alldem, was einer Bestimmung bedürfte: die Eigenart des Bedürfnisses, das für die Güterproduktion tatsächlich ausschlaggebend ist, sowie die Bedingungen seiner Verwirklichung. Stattdessen ist mit dem Verweis auf das durch die Ökonomie behobene Fehlen ihrer Resultate, jener Kinderdialektik der modernen ökonomischen Wissenschaft, ganz wie es sich für ein wissenschaftliches Dogma gehört, ein *Schein* von Erklärung erzeugt: Die Lehre von den letzten ökonomischen Dingen versteht ihre „dialektische" *Manier* als die grundlegende Eigentümlichkeit ihres *Gegenstandes* und weiß sich am Ziel, wenn sie *für „die* Wirtschaft" *Verständnis* erweckt hat unter dem Gesichts-

---

*) In einem weniger fortgeschrittenen Stadium hat bereits Marx diese Art leeren Räsonierens kritisiert: „Der Vulgärökonom hat nie die einfache Reflexion angestellt, daß jede menschliche Handlung als ‚Enthaltung' von ihrem Gegenteil aufgefaßt werden kann. Essen ist Enthaltung vom Fasten, Gehn Enthaltung vom Stehn, Arbeiten Enthaltung vom Faulenzen, Faulenzen Enthaltung vom Arbeiten etc. Die Herren täten wohl, einmal nachzudenken über Spinozas: Determinatio est negatio." (Das Kapital Bd. 1, S. 623) Die VWL scheint diesen Tip ganz andersherum beherzigt zu haben und freut sich an der Entdeckung, daß dieses Räsonnement sich auch auf die Gegenstände menschlicher Tätigkeit anwenden läßt: ein neuer Stuhl ist für sie die Linderung einer Knappheit an Stühlen, überhaupt jedes Ding die Behebung seines Fehlens — nur ob jeder Ökonomieprofessor genau der ist, der gerade noch gefehlt hat, dürfte unter den Kollegen immer strittig bleiben.

punkt des *Problems*, mit dem diese sich in der „Knappheit" von allem und jedem herumzuschlagen hätte:

„Zentrale Probleme unserer Wirtschaft sind somit die Bewältigung der Knappheit der Güter, das Zustandekommen der Entscheidungen über die Verwendung knapper Güter sowie die Institutionen und Koordinationsmechanismen für die Abstimmung der Entscheidungen." (BÖVENTER)

Die VWL will mit ihrer Idee der „Knappheit", wie man sieht, keineswegs bloß eine Deutung des materiellen Produktionsprozesses bereitstellen, sondern auch noch gleich den „letzten Grund" sämtlicher Verfahrensweisen des modernen Wirtschaftslebens: für die *gesellschaftliche Einrichtung und Gestaltung* des Produktionsprozesses, angegeben haben; das ist das Zweite. Dürfte man den Vertretern dieser Disziplin ein Bewußtsein von dem tatsächlichen strategischen Zweck ihrer Theorie unterstellen, so wären diesem Einfall einiger Zynismus und intellektuelle Perfidie zu bescheinigen. Er bezieht sich nämlich mit „unserer Wirtschaft" auf eine Wirtschaftsweise, die für die große Masse der „unseren" die Knappheit an notwendigen Gütern überhaupt erst zur grundlegenden tatsächlichen Bestimmung *ihrer* ökonomischen Existenz *macht.* Jeder Gang durch eine großstädtische Geschäftsstraße, jeder Blick in den Wirtschaftsteil einer bürgerlichen Zeitung, jeder Staatsempfang und jedes Herbstmanöver geben Auskunft über den *Reichtum,* der „unsere Wirtschaft" charakterisiert — und zugleich über das Wie und den Zweck dieses Reichtums: Bei den Gütern, die überhaupt dafür in Frage kommen, liefert allemal das Preisschild den praktischen Beweis, daß sie für die individuelle Konsumtion auf alle Fälle *nicht* so ohne weiteres geschaffen sind, vielmehr die Bedürfnisbefriedigung dem Standpunkt des Geschäfts nach- und untergeordnet, als bloße Voraussetzung einverleibt ist. Die Knappheit, die in „unserer Wirtschaft" tatsächlich *für* den Großteil ihrer Subjekte existiert, hat, umgekehrt, allemal die Form einer Knappheit an *Geld* — und ist eben deswegen alles andere als ein „zentrales *Problem* unserer Wirtschaft." Im Geld, dessen Besitz Reichtum, also Reichlichkeit aller Güter für seinen Besitzer, dessen Nicht-Besitz Armut, also Ausschluß von vorhandenen Gütern bedeutet, hat diese Ökonomie sich von ihren natürlichen Voraussetzungen gerade emanzipiert, diese zu einem Moment der in ihr hergestellten gesellschaftlichen Eigentumsverhältnisse gemacht.

Diese sorgen bekanntlich dafür, daß es auch für die Nicht-Besitzer von Geld durchaus einen Weg gibt, an selbiges heranzukommen: eben den, sich auf der Seite der Produktion für die Erfordernisse eines erfolgreichen *Geschäfts*gangs nützlich zu machen. Sich *dafür* nützlich zu machen, heißt wiederum den Reichtum der anderen Seite und auf der anderen Seite akkumulieren zu helfen, umgekehrt mit dem eigenen Gelderwerb eben nicht sich selbst zur Akkumulation von Geldmitteln zu verhelfen. So garantiert die produktive Benutzung der Menschen deren stets erneuerte — dabei auch immer reformierte — Armut, so wie umgekehrt deren Armut ihre stets erneuerte Benutzbarkeit gewährleistet. „Zentral" ist die tatsächliche, nämlich die Geldknappheit in „unserer Wirtschaft" also schon — bloß eben nicht als „Problem", sondern als erstens die Kehrseite und zweitens die unerläßliche Bedingung ihres *Erfolgs: Nützliche Armut* ist die Wahrheit der „Knappheit", die es in kapitalistisch produzierenden Gesellschaften tatsächlich gibt.

Man vergleiche damit den Einfall der VWL, dem kapitalistischen Wirtschaftsleben die *Bewältigung* eines *ihm vorgegebenen* „Knappheitsproblems" zu unterstellen. Dieser Einfall bezieht sich ja nicht einfach auf ganz andere Sachverhalte, sondern will Kriterium und „Logik" eben dieses Wirtschaftssystems aufdecken. Dabei liefert er noch nicht einmal bloß eine falsche Erklärung der wirklichen *Armut:* den *Erfolg* dieser Wirtschaftsweise selbst, den „*Reichtum der Nationen*", den die Gründer der Disziplin noch als solchen gewürdigt und zu ihrem theoretischen Gegenstand gemacht haben, will die VWL auf diese Weise vom *Standpunkt einer rein idealistisch als Prinzip gefaßten gesamtgesellschaftlichen, natürlicherweise vorgegebenen Armut* aus verständlich machen.

Ökonomische Sachverhalte sind es dementsprechend nicht, auf die die VWL sich zur Rechtfertigung dieses ihres Standpunkts beruft: der *meta*physischen Qualität ihres Erklärungsprinzips gemäß verweist sie zu dessen Begründung auf nichts Geringeres als die Endlichkeit der Welt und damit sämtlicher „Ressourcen" auf der einen, auf die demgegenüber je unersättlichere Unersättlichkeit der menschlichen Bedürfnisse auf der anderen Seite. Da braucht kein Ökonomieprofessor je die Nahrungs- und Produktionsmittel zuzüglich der jeweils neu geschaffenen auf der einen

Seite zusammenzuzählen und auf der anderen Seite Wunsch-
zettel von der Weltbevölkerung ausfüllen zu lassen, um zu dem
betrüblichen Ergebnis zu gelangen: „Es reicht nicht!". Es ist
der Ausflug in die Anthropologie des nach den Bedürfnissen seiner Theorie zurechtgelegten homo oeconomicus, die den aufgeklärten Wirtschaftsphilosophen mit trivialerweise absoluter
Sicherheit darüber in Kenntnis setzt, daß *Bedürfnisse* ihrer eigenen Natur nach ihre *Befriedigung* grundsätzlich ausschließen.
Gegen dieses Dogma hilft auch die Erinnerung nichts, daß Bedürfnisse doch allemal einen bestimmten, damit auch quantitativ umschriebenen Inhalt haben; daß der Schein ihrer Maßlosig-
keit allein aus einer falschen Berücksichtigung ihrer permanen-
ten Beschränkung entsteht; daß die kapitalistische Praxis diesen
gesamten anthropologischen Quark faktisch widerlegt, indem sie
aus dem geschäftlichen Erfolg ebenso wie aus der Benutzung der
Leute neue, noch nie dagewesene *Bedürfnisse entstehen* läßt;
und was dergleichen Klarstellungen mehr wären. Denn der Vater
des wirtschaftsphilosophischen Gedankens ist ja eben gar nicht
die Untersuchung von was auch immer, sondern der zielstrebige
Wille, im menschlichen Bedürfnis schlechthin ein schlecht-
hinniges „Spannungsverhältnis" aufzudecken, auf daß das
Dogma von der (relativen) Knappheit als Grund allen Wirtschaftens recht wohl begründet erscheine. Und seine Überzeugungskraft bezieht dieser Gedanke — wie alle Philosophie —
nicht aus einem überzeugungskräftigen Argument, sondern aus
dem Mißverständnis eines Sachverhalts, der eigentlich genau das
Gegenteil belegt: Ausgerechnet weil der Standpunkt des Sich-
Einteilens *in* der kapitalistischen Ökonomie so total verbreitet
ist, macht es so wenig Schwierigkeiten, erscheint es vielmehr
ganz plausibel, ihn für die Deutung des Kapitalismus als einer
Ökonomie des Sich-Einteilens in Anspruch zu nehmen — für die
reine („platonische") *Idee* des Sich-Einteilens, also für das theoretische Ideal des praktischen Standpunkts, macht das ja gerade
keinen besonderen Unterschied!*)

---

*) In mikroökonomischen Grund- und Einführungskursen ergibt sich im-
merhin bisweilen die lächerliche Situation, daß Studenten mit ihren Bemühungen, sich und anderen vom Standpunkt des praktischen Menschenver-
standes an den engen Schranken des eigenen Geldbeutels die Knappheits-

Die Deutung der Welt als Mangel, mit der die VWL sich der Knappheit als *des* Grundproblems *aller* Wirtschaft vergewissert, und ihr Ausflug in die dazugehörige anthropologische Spekulation ist ihrem Beweisziel allerdings auch in der Form untergeordnet, daß ein moderner, aufgeklärter, mit der Methode „funktionalen Denkens" vertrauter Ökonom den *Beweis* gerne anheimstellt, wenn man nur dessen *Ziel* akzeptiert. Wie in jeder Philosophie, so ist auch in der mikroökonomischen die Korrumpierung des Denkens weit genug fortgeschritten, daß man für die „Hypothese", Knappheit regiere die Welt, *Geltung* beansprucht, auch *ohne* für deren Stichhaltigkeit mit, und sei es mit falschen, Argumenten geradestehen zu wollen. Durch das Eingeständnis, rein methodisch um des Funktionierens der Theorie willen an die Suche nach der besten Art und Weise der Bedürfnisbefriedigung unter schlechten Bedingungen als den tieferen und eigentlichen Sinn jeder und also auch der kapitalistischen Ökonomie *glauben zu wollen*, findet ein moderner Ökonom seine sämtlichen apologetischen Schlußfolgerungen gerechtfertigt — geradezu so wie ein Theologe, der den Glauben an Gott damit beweist, daß andernfalls sein gesamter Katechismus hinfällig würde. Die wichtigsten Glaubenssätze des mikroökonomischen Katechismus ergeben sich dann wie von selbst: Preise, Warentausch, Geld usw., überhaupt jede differentia specifica der kapitalistischen Ökonomie erhält das Lob, zwar nur eine unter vielen möglichen, aber immerhin eine *Lösung* des angeblich unausweichlichen Problems zu sein, den *Mangel zu verteilen*. Daß die „Problemlösungsstrategien" des Kapitalismus dabei neben den Alternativen, die einem modernen Ökonomen hier einzufallen pflegen und regelmäßig einiges über die faschistischen Qualitäten seiner ökonomischen Phantasie verraten — der mit Zwangsgewalt ausgestattete Verteilungskommissar ist seine nächstliegende Alternative zur marktwirtschaftlichen Freiheit! —, allemal gut aus-

---

Metaphysik ihrer Lehrer und Lehrbücher plausibel zu machen, dem Beweisziel des Kurses in peinlich auffälliger Weise in den Rücken fallen. In *so* platter Form — „Mein Geld ist knapp = alle nützlichen Güter sind knapp = Geld ist ein Hilfsmittel, mit der Knappheit der Güter umzugehen" — mag der philosophische Trugschluß der VWL sich dann doch noch immer nicht sehen lassen.

sehen, bedarf gar keiner besonderen Argumente mehr: das angebliche Erzdilemma „allen Wirtschaftens" ist ja schon so hinerfunden, daß an der Tauglichkeit und Vorteilhaftigkeit des „stummen Zwangs" kapitalistischer Verhältnisse überhaupt kein Zweifel mehr aufkommen sollte.

d)
Und darin liegt auch schon der ganze praktische Nutzen dieser Wissenschaft.

Argumente gegen die VWL

ist eine Publikation der Marxistischen Gruppe,in der wir unsere Kritik an den Inhalten der bürgerlichen Ökonomie veröffentlichen.

Die moderne Wirtschaftwissenschaft verwandelt in ihren Modellen die höchst ungemütlichen Verhältnisse von Produktion und Konsum in lauter Idealzustände des Funktionierens: Nutzenoptima, Gleichgewichte. Beweisbar ist die apologetische Interpretation natürlich nicht. An die Stelle eines Beweises aber tritt die Vorführung, daß sich solche Weltanschauungen nach allen selbstgesetzten Regeln und Schikanen der Wissenschaft durchführen läßt.

Zahlen, Funktionen und Gleichungen sind nicht nur die Insignien und Schaustücke der Gelehrsamkeit, sondern in der Tat auch die adäquaten Ausdruckmittel der Botschaften, auf die die Ökonomen scharf sind: lauter Sachgesetze und Notwendigkeiten, lauter Berechnungsmöglichkeiten und Gleichungen, die aufgehen — mit einem Wort, die Welt des Klassengegensatzes und der Konkurrenz geht in Ordnung.

Bereits veröffentlichte Flugblätter und Zeitungen zu folgenden Themen sind noch erhältlich im
MHB-Buchladen, Amalienstr. 67/Rgb., 8 München 40:

— Der private Konsum: Das Einkommen
— Die gesamtwirt.Konsumfunktion:
  Entstehung und Verwendung einer
  makroökonomischen Weltformel
— Geld, Kredit, Währung Blatt 1-4
— Produktionstheorie: Input 1, Input 2,
  das ist dem Output einerlei!
— Haushaltstheorie:
  Flugblattserie zu Bilanzgerade,
  Indifferenzkurve, HH-kurve
— Makroökonomische Weltanschauung:
  Das Knappheitsproblem,
  Das ökonomische Prinzip,
  Die Volkswirtschaft als Produktionsprozeß.
  Der Einkommenskreislauf.
  Das Sozialprodukt, Einkommensgleichgewicht,
  Verhaltensgleichung, Multiplikatoreffekt,
  Der Markt: Mechanismus löst Grundprobleme
— Mathematik in der Ökonomie:
  Der Geburtshelfer ökonomischer Harmoniegedanken
— Der Dollar, eine Bombenwährung

MSZ Gegen die Kosten der Freiheit

Ökonomieartikel in der MSZ

Ökonomieartikel in der MSZ

Börse, Aktie u. Spekulation in der VWL –
   Ein Markt wie er im Buche steht; MSZ 3/88
Stichwort: Staatsverschuldung; MSZ 4/88
„Unser Afrika" – Politische Ökonomie des schwarzen Kontinents;
   MSZ 4/88
Der IWF – eine Agentur der Freiheit für die internationale
   Konkurrenz; MSZ 6/88
Der Osthandel: Der wechselseitige Nutzen, der die Feindschaft
   belebt; MSZ 7-8/88
Die EG: Das europäische Weltmachtprojekt; MSZ 9/88
IWF–Tagung in Westberlin: 3 Tage nationale Aufregung
   anläßlich der routinemäßigen Verwaltung von Ruin und Kredit;
   MSZ 10/88
Wie Reagan die Welt verändert hat: Reagonomics für die Freiheit
   des Kredits; MSZ 1/89
Rüstungsindustrie: Wieso braucht die BRD einen militärisch
   industriellen Komplex?; MSZ 2/89
Atomindustrie: Wackersdorf und das deutsche Atomprogramm;
   MSZ 3/89
China: Die „Öffnung zum Westen" – der konsequent praktizierte
   Idealismus des „dritten Weges"; MSZ 4/89
Eine Bilanz von 40 Jahren DDR – Realer Sozialismus deutscher
   Nation; MSZ 5/89
Polen und Ungarn: Ökonomische „Reformen" zur Imitation des
   Kapitalismus; MSZ 6/89
Die Macht der DM – BRD-Imperialismus im Boom; MSZ 6/89
Joint-Ventures in der DDR – Die Mischwirtschaft als letztes
   Stadium des Realen Sozialismus; MSZ 1/90
„Wiedervereinigung" – Politische Ökonomie einer friedlichen
   Eroberung: „Währungs-, Wirtschafts- u. Sozialunion"; MSZ 2/90

Kritik der bürgerlichen Wirtschaftswissenschaft

Glaubenssätze und Methoden der nationalökonomischen Weltanschauung

München 1990   ca. 60 Seiten   **2,50 Mark**

Die moderne Wirtschaftwissenschaft verwandelt in ihren Modellen die höchst ungemütlichen Verhältnisse von Produktion und Konsum in lauter Idealzustände des Funktionierens: Nutzenoptima, Gleichgewichte. Beweisbar ist die apologetische Interpretation natürlich nicht. An die Stelle eines Beweises aber tritt die Vorführung, daß sich solche Weltanschauungen nach allen selbstgesetzten Regeln und Schikanen der Wissenschaft durchführen lässen. Zahlen, Funktionen und Gleichungen sind nicht nur die Insignien und Schaustücke der Gelehrsamkeit, sondern in der Tat auch die adäquaten Ausdruckmittel der Botschaften, auf die die Ökonomen scharf sind: Lauter Sachgesetze und Notwendigkeiten, lauter Berechnungsmöglichkeiten und Gleichungen, die aufgehen — mit einem Wort, die Welt des Klassengegensatzes und der Konkurrenz geht in Ordnung.

Aus dem Inhalt der Broschüre:
Ökonomische Dogmenlehre:
   Die Knappheit
   Das ökonomische Prinzip
   Produktionsfaktoren
   Der Kreislauf – Die Wirtschaft, eine runde Sache
   Der Markt – Mechanismus löst Grundprobleme
   Systemvergleich: Welches Wirtschaftssystem ist besser –
      Planwirtschaft oder Marktwirtschaft
Argumente gegen die Makroökonomie:
   Das Sozialprodukt: Wirtschaft ist, wenn was rauskommt
   Aggregierte Nachfrage und Gleichgewichtsoutput
   Konsumfunktion und Multiplikator
   Der Staat als Teil der aggregierten Nachfrage
Mikroökonomen erklären den Kauf:
   Konsumplan und Budgetgerade
   Präferenzordnung und Güterbündel
   Das Haushaltsoptimum
Mathematik in der Ökonomie: Richtig gerechnet, falsch gedacht!
Die zwei Lebenslügen der Betriebswirtschaftslehre